《安徽省湿地保护条例》
释　义

安徽省人大常委会法制工作委员会　编

合肥工业大学 出版社

图书在版编目(CIP)数据

《安徽省湿地保护条例》释义/安徽省人大常委会法制工作委员会编.
—合肥:合肥工业大学出版社,2017.12

ISBN 978－7－5650－3821－1

Ⅰ.①安… Ⅱ.①安… Ⅲ.①沼泽化地—自然资源保护法—法律
解释—安徽 Ⅳ.①D927.540.260.5

中国版本图书馆 CIP 数据核字(2017)第 330191 号

《安徽省湿地保护条例》释义

安徽省人大常委会法制工作委员会 编 责任编辑 权 怡

出 版	合肥工业大学出版社	版 次	2017 年 12 月第 1 版
地 址	合肥市屯溪路 193 号	印 次	2018 年 1 月第 1 次印刷
邮 编	230009	开 本	880 毫米×1230 毫米 1/32
电 话	编校中心:0551－62903210	印 张	5.625
	市场营销部:0551－62903198	字 数	110 千字
网 址	www.hfutpress.com.cn	发 行	全国新华书店
E-mail	hfutpress@163.com	印 刷	安徽昶颉包装印务有限责任公司

ISBN 978－7－5650－3821－1   定价：14.90 元

如果有影响阅读的印装质量问题,请与出版社发行部联系调换

编 委 会

前　　言

2015 年 11 月 19 日，安徽省第十二届人民代表大会常务委员会第二十四次会议审议通过了《安徽省湿地保护条例》（以下简称《条例》），自 2016 年 1 月 1 日起施行。

《条例》的颁布施行，对于我省保护湿地，维护湿地生态功能和生物多样性，促进湿地资源可持续发展具有十分重要的意义。

《安徽省湿地保护条例》是安徽省湿地保护专项法规，它标志着安徽省湿地保护管理工作步入更加法治化、科学化的发展轨道。《条例》共六章四十二条，明确了湿地范围、规划、保护、利用及法律责任等方面的内容。为配合《条例》的学习、宣传和实施，帮助读者准确理解《条例》的立法背景、指导思想、精神实质、具体内容，我们组织编写了本书，以期对领会、宣传和正确实施《条例》有所帮助。

本书共分三个部分：第一部分主要是对《条例》（从几个方面）进行较为详细的说明；第二部分主要是《条例》原文及相关立法资料，帮助读者全面了解《条例》及其相关支撑文件。

编　者

二〇一七年十二月

目　　录

▶ 第一部分　条文释义

第一章　总　则

第一条　为了保护湿地，维护湿地生态功能和生物多样性，促进湿地资源可持续利用，根据有关法律、行政法规，结合本省实际，制定本条例。

【释义】本条是关于立法目的和立法依据的规定。

一、立法背景

湿地具有涵养水源、净化水质、调蓄洪水、控制土壤侵蚀、补充地下水、美化环境、调节气候、维持碳循环等极为重要的生态功能，在维护区域生态平衡等方面有着其他系统无可替代的作用，是自然界最富生物多样性的生态景观和人类最重要的生存环境之一，与森林、海洋并称为三大生态系统。同时，湿地还是濒危鸟类、迁徙候鸟以及其他水生野生动物的栖息繁殖地，因而被称为"地球之肾""生命摇篮""鸟类的乐园"。安徽省湿地面积大、分布广、类型全、区位重要，是全国湿地资源较为丰富的省份之一。加大湿地保护力度，是促进全省生态文明建设的重要举措。

（一）制定《条例》，是促进安徽生态文明建设的迫切需要。据全国第二次湿地资源调查统计，安徽省湿地面积104.18万公顷，占全省国土总面积的7.47%。至2016年底，有国际重要湿地1处、国家重要湿地5处、省级以上湿地类型自然保护区23处、省级以上湿地公园39处。这些宝贵的湿地资源对于促进全省经济社会可持续发展发挥着重要作用。近年来，安徽湿地保护取得明显成效，相继启动湿地生态效益补偿试点，实施全球环境基金赠款项目，积极完善湿地保护体制机制，加大湿地动植物资源保护力度。但全省的湿地保护工作仍存在一些问题，如湿地保护的责任划分还不够清晰，湿地生态的红线意识有待增强；开垦围垦、擅自占用湿地、环境污染等问题仍在一定程度上存在，湿地面积减少、生态功能退化的趋势未得到根本遏制；湿地分级保护、执法协作等制度还不完善等。因此，有必要通过立法，建立健全湿地保护制度，加大湿地保护力度，为建设美好安徽提供良好的生态保障。

（二）制定《条例》，是推进安徽生态文明建设的必然要求。2015年4月25日，中共中央、国务院发布《关于加快推进生态文明建设的意见》强调，要"保护和扩大绿地、水域、湿地等生态空间"，"研究制定湿地保护等方面的法律法规"。2015年3月18日，中共安徽省委、省人民政府《关于加大改革创新力度加快农业现代化建设的实施意见》提出，"积极推进涉农立法"，"开展节约用水、湿地保护地方立法工作"。因此，制定《条例》是贯彻落实中共中央、国务院和省委、省政府生态文明建设的重要举措。

（三）制定《条例》，是安徽湿地保护行之有效的实践经验和法治化的重要举措。目前，国家尚未制定专门的湿地保护法律、行政法规。安徽省各级政府及其相关部门认真贯彻《关于特别是作为水禽栖息地的国际重要湿地公约》（以下简称《湿地公约》），按照国务院办公厅《关于加强湿地保护管理的通知》和国家林业局《湿地保护管理规定》，积极探索开展湿地保护和管理工作，积累了一些实践证明行之有效的保护和管理经验，如开展湿地资源调查与监测，实施退耕还林工程，湿地生态效益补偿试点，湿地保护与恢复工程等，确保国家湿地保护政策落地生根，促进全省生态文明建设。通过制定《条例》，将这些政策措施法治化，为安徽省湿地保护和管理提供有力的法治保障。

二、立法宗旨

立法宗旨主要包括以下两个方面内容：

（一）保护湿地，维护湿地生态功能和生物多样性。保护湿地、维护湿地生态功能和生物多样性是本法的直接立法目的，两者相辅相成，保护的目的就是维护湿地生态功能和生物多样性，而湿地生态功能和生物多样性又是湿地保护的核心。本条例第三章专门对保护湿地作出了明确的具体规定。

安徽省近几年来虽然加强了湿地保护工作力度，但湿地功能退化，生物多样性下降的趋势未得到根本扭转，必须采取更有力的保护措施。将保护湿地、维护湿地生态功能和生物多样性放在首位，符合目前湿地保护管理的现状和发展要求。

（二）促进湿地资源可持续利用。促进湿地资源可持续利用，这是立法的最终目的。湿地除具有重要的生态价值外，还有重要经济价值，合理利用湿地资源对于促进地方经济发展和群众增收具有重要意义。湿地资源可持续利用是在保护基础上的利用，是在维护湿地生态功能和生物多样性基础上的利用。

三、立法依据

地方性法规的立法依据主要有三个方面，即法律依据、政策依据、实践依据。

（一）法律依据，即依照法律、行政法规的相关规定进行立法。制定《安徽省湿地保护条例》的主要法律依据有：《中华人民共和国森林法》《中华人民共和国野生动物保护法》《中华人民共和国草原法》《中华人民共和国土地管理法》《中华人民共和国水法》《中华人民共和国环境保护法》等；与湿地保护有关的主要行政法规有：《中华人民共和国自然保护区条例》《中华人民共和国野生植物保护条例》《中华人民共和国陆生野生动物保护实施条例》《中华人民共和国水生野生动物保护实施条例》《风景名胜区管理暂行条例》等。

（二）政策依据，即党中央、国务院关于加强生态文明建设方面的决策部署。如中共中央、国务院发布的《生态文明体制改革总体方案》、国家林业局发布的《湿地保护管理规定》和《国家湿地公园管理办法（试行）》。此外，一些政策性文件也是立法的参考依据，如中共中央、国务院发布的《关于加快推进生态文明建设的意见》、国务院办公厅发布的《关于加强湿地保护管理的通知》等。

（三）实践依据，即加强湿地保护方面的实践探索和成功经验。如安庆市人民政府在全省率先将湿地保护工作纳入相关部门年度目标考核；池州市人民政府制定颁布《安徽升金湖国家级自然保护区管理办法》等。

第二条　本条例适用于本省行政区域内从事湿地保护、利用及其监督管理活动。

本条例所称湿地，是指常年或者季节性积水的地带和水域，包括河流湿地、湖泊湿地、沼泽湿地等自然湿地，以及重点保护野生动物的栖息地或者重点保护野生植物的原生地等人工湿地。

【**释义**】本条是关于适用范围和湿地概念的规定。

一、本条第一款是关于条例适用范围的规定

法的适用范围，又称为法的调整范围或法的效力范围，指的是法对什么人、什么事、在什么地方和什么时间有约束力。由此可以看出，法的适用范围可以分为四种：即对人的效力、对事的效力、对空间的效力和对时间的效力。本条主要对本《条例》的空间效力和对事的效力进行规范。

（一）关于空间效力，《条例》在安徽省行政区域内适用。根据 2014 年 12 月安徽省第二次湿地资源调查公报统计，湿地覆盖于安徽省的 16 个地级市（见表 1）。

表1 安徽省设区市湿地面积统计表

市名	湿地面积（公顷）
安庆市	168744.22
合肥市	118200.41
六安市	113820.58
滁州市	90921.81
芜湖市	78947.96
马鞍山市	65954.95
蚌埠市	60790.05
池州市	55697.65
铜陵市	55017.97
阜阳市	53109.98
宣城市	52613.29
淮南市	35925.5
宿州市	29573.33
亳州市	28674.26
黄山市	22119.67
淮北市	11690.02
合 计	1041801.65

（二）关于对事的效力，《条例》适用于湿地保护、湿地利用和监督管理活动。首先，要采取严格的保护措施。湿地保护是一项艰巨而复杂的工程，必须加大保护力度，采取严格的保护措施。《条例》规定保护湿地可以采取以下措施：申报国际重要湿地、国家重要湿地、省重要湿地；建立自然保护区、湿地公园、湿地保护小区或者湿地多用

途管理区；进一步明确湿地保护范围内的禁止行为；县级
以上人民政府应当按照湿地保护规划，坚持以自然恢复为
主、自然恢复与人工修复相结合；重建或修复已退化的湿
地生态系统，恢复湿地生态功能，扩大湿地面积；建立湿
地生态补水协调机制，保障湿地生态用水需求。其次，规
范湿地利用内容。在严格保护的基础上，可以科学利用湿
地资源，发展生态产业，县级以上人民政府应当采取措施，
加以引导和扶持；湿地类型自然保护区开展生态旅游活动
应当服从湿地管理单位的管理。

二、本条第二款是关于湿地概念的规定

该规定进一步明确对事的效力范围界限，是对第一款
规定的补充和说明。

湿地是多学科的研究对象，湿地学是一门尚待完善的
学科，由于不同学科研究角度各异，对湿地的定义有所不
同。如 20 世纪 50 年代美国鱼类和野生动物组织发起的第一
次美国湿地调查，将湿地定义为：湿地是指被浅水和有时
为暂时性或间歇性积水所覆盖的低地，包括草本沼泽、木
本沼泽、泥炭藓沼泽、湿草甸、池沼、淤泥沼泽以及河漫
滩，长有挺水植物的浅水湖或池塘，但河溪、水库和深水
湖泊等稳定水体不包括在内，因为这些水体不具有暂时性
积水，对潮湿土壤植被的发展几乎毫无作用。这是最早的
湿地定义，它强调湿地作为水禽生境的重要性，对水深未
作规定。加拿大将湿地定义为：湿地是指水淹或地下水位
接近地表，或浸润时间足够长，从而促进湿成和水成过程，

并以水成土壤、水生植被和适应潮湿环境的生物活动为标志的土地。日本将湿地的主要特征定义为：首先是潮湿；其次是地下水位高；第三是至少在一年的某一段时间内，土壤水分是处于饱和状态的。

国际上公认的湿地定义是《湿地公约》作出的。1971年2月2日，18个国家的代表在伊朗南部海滨小城拉姆萨尔签署了《关于特别是作为水禽栖息地的国际重要湿地公约》，简称《湿地公约》，也称作《拉姆萨尔公约》。该公约的主要作用是通过全球各国政府间的共同合作，保护湿地及其生物多样性，特别是水禽及其赖以生存的环境。我国于1992年加入《湿地公约》。《湿地公约》对湿地的定义是：不问其为天然或人工、长久或暂时之沼泽地、湿原、泥炭地或水域地带，带有或为静止或流动，或为淡水，或为半咸水或咸水水体者，包括低潮时水深不超过6米的水域。《湿地公约》的湿地定义基本涵盖湿地的所有类型，因此为世界范围的湿地保护与管理领域普遍接受。

国家林业局《湿地保护管理规定》将湿地定义为：湿地是指常年或者季节性积水地带、水域和低潮时水深不超过6米的海域，包括沼泽湿地、湖泊湿地、河流湿地、滨海湿地等自然湿地，以及重点保护野生动物栖息地或者重点保护野生植物的原生地等人工湿地。

安徽省在立法过程中，通过借鉴外省（市、区）湿地立法经验，以《湿地公约》《湿地保护管理规定》的湿地定义作为参考依据，结合安徽省湿地的实际情况和特点，将湿地定义为：常年或者季节性积水的地带和水域，包括河流湿地、湖泊湿地、沼泽湿地等自然湿地，以及重点保护野生动物的栖息地或者重点保护野生植物的原生地等人工湿地。这一定义不仅涵盖了湿地的基本特征，而且还包括全省一些重点物种如扬子鳄的栖息地，充分体现了本省湿地概念内涵、外延与国际标准的统一，为湿地全面保护奠定了基础。

安徽湿地分为4类8型，即河流湿地、湖泊湿地、沼泽湿地和人工湿地4类，永久性河流、洪泛平原湿地、永久性淡水湖、草本沼泽、灌丛沼泽、库塘、水产养殖场和运河/输水河8型。其中，淮北、阜阳、亳州、淮南等地煤矿塌陷湖泊是我国极为特殊的人工湿地类型。考虑到今后对湿地进行分级分类保护管理的需要，《条例》中增加了"省重要湿地"的概念。

第三条 湿地保护应当遵循保护优先、统一规划、科学恢复、合理利用和可持续发展的原则。

【释义】本条是关于湿地保护原则的规定。

"保护优先、统一规划、科学恢复、合理利用和可持续发展"的原则，贯穿于本条例并作为湿地保护工作的指导思想，也是长期以来湿地保护管理工作的经验总结。本条规定遵循的基本原则是统一的整体，不能分割、对立。

一、保护优先原则

湿地生态功能和服务价值，对人类的生存发展至关重要，湿地资源一旦被破坏往往难以恢复，因此对湿地资源的保护应当贯彻"保护优先"的基本原则。即在湿地资源的开发利用与保护之间，保护是第一位的，开发利用必须服从保护的要求，当湿地开发与湿地保护产生矛盾时，优先考虑环境和生态。保护优先就是从源头上控制破坏，避免走先破坏后治理的路子，这既是维护湿地生态功能和保护生物多样性的需要，又是湿地可持续利用的基础。在具体制度的设计和实施中，《条例》明确贯彻保护优先的原则。如除了将"为了加强湿地保护，维护湿地生态功能和生物多样性，促进湿地资源可持续利用"作为《条例》的立法宗旨和立法目的外，《条例》第二十八条也规定："在湿地保护范围内从事生产经营活动的，应当符合湿地保护规划，与湿地资源的承载能力和环境容量相适应，不得破坏湿地生态系统的基本功能，不得超出湿地生物资源的再生能力，不得破坏野生动植物栖息环境。"保护优先原则的主旨是为了平衡局部利益与整体利益、短期利益与长远利益之间的冲突，为了保护生态安全的公共利益。保护优先的原则在内容上要求合理利用湿地，从而在立法上严格控制了不合理开发利用湿地和污染、破坏湿地的行为，使湿地资源能够可持续利用。

二、统一规划原则

湿地保护管理是一项综合性的系统工程，如果没有统一规划，就无法达到保护的预期目的，无法使湿地保护的生态效益、经济效益和社会效益得到充分发挥。统一规划就是要求将湿地保护、恢复、利用进行统筹安排；综合规划，就是要求将湿地规划与土地利用总体规划、城乡规划、环境保护规划、流域综合规划、水资源综合规划等相关规划相互衔接。本条例第二章专门对湿地规划作了明确规定，省林业行政主管部门应当会同有关部门编制全省湿地保护规划，设区的市、县林业行政主管部门应当会同有关部门编制本行政区域的湿地保护规划，并报同级人民政府批准后实施。

三、科学恢复原则

由于湿地资源受到人类活动的影响，所以有不同程度的退化，如安徽省的部分湖泊湿地，由于长期围养，湿地植被受到破坏，进而使得湿地生境发生退化、鸟类栖息地丧失、生物多样性下降。湿地恢复是一门科学，要逐步恢复这些退化的湿地，必须采取科学的方法。《条例》第二十二条规定明确了湿地恢复的主要方法、措施和目的：县级以上人民政府应当按照湿地保护规划，坚持以自然恢复为主、自然与人工修复相结合的方式，采取退耕还湿、轮牧禁牧限牧、移民搬迁、平圩、植被恢复、构建生态驳岸等措施，重建或者修复已退化的湿地生态系统，恢复湿地生态功能，扩大湿地面积。

四、合理利用原则

湿地作为自然资源具有生态效益、社会效益和经济效益，在保护的基础上科学规划、合理利用，是保护湿地的目的之一。如一些地方通过建立湿地公园，在保护的基础上发展生态旅游业，既保护了湿地，也提高了湿地的经济效益；一些地方通过发展湿地生态产业，如水生蔬菜等，既培育了水生植被，又提高了经济收入。"重利用轻保护"的生产经营模式，不仅使湿地长期处于超负荷的严重"透支"状态，而且影响湿地效益的持续发挥。正确处理保护与合理利用的关系，是本条例解决的重要问题之一。因此，本条例第四章对科学合理利用湿地作出了具体规定。

五、可持续发展原则

这一原则是湿地保护和利用的出发点和落脚点。可持续发展理论是指既满足当代人的需要，又不对后代人满足其需要的能力构成危害的发展。这就要求我们利用湿地资源不能超过其承载力和环境容量。但随着经济社会的发展，湿地污染、湿地功能退化现象日益突出，已成为影响经济社会发展和人民生活的一个重要因素，湿地可持续发展的压力越来越大。因此必须始终把湿地保护、恢复和合理利用放在战略位置上，实现经济社会发展与湿地生态环境的协调发展。《条例》明确要运用法律、行政、技术和市场等手段加强湿地保护，实现湿地生态良性循环，促进湿地的可持续利用和生态、经济、社会的协调发展。

第四条 县级以上人民政府应当将湿地保护工作纳入国民经济和社会发展规划，完善综合协调、分部门实施的湿地保护管理体制，加大湿地保护投入，将湿地保护行政管理工作经费纳入财政预算，建立湿地生态效益补偿机制。

乡（镇）人民政府、街道办事处应当做好本行政区域内湿地保护的有关工作。

【释义】本条是关于政府职责的规定。

一、本条第一款是关于县级以上人民政府职责的规定

（一）将湿地保护工作纳入国民经济和社会发展规划。国民经济和社会发展规划，是国家和地方根据客观经济规律和经济、社会发展的要求，对未来计划期内国民经济和社会发展各主要方面和主要过程所做的统筹部署和安排，是指导国民经济和社会发展的纲领性文件。把湿地保护工作纳入国民经济和社会发展规划，可以使湿地保护在人力、物力、财力上得到保证。《中华人民共和国国民经济和社会发展第十三个五年规划纲要》，中共中央、国务院《关于加快推进生态文明建设的意见》《生态文明体制改革总体方案》和国务院办公厅《湿地保护修复制度方案》已将湿地保护、修复纳入其中，地方各级人民政府应当按照《条例》的规定，将湿地保护工作纳入地方国民经济和社会发展规划，给予人力、物力和财力的保证，使湿地保护的各项工作能够落到实处。

（二）完善综合协调、分部门实施的湿地保护管理体制。湿地是一个完整的生态系统，同时又是一个完整的生态经济系统，湿地保护工作也应统一、协调。多年来，湿地保护与管理问题的一个突出矛盾就是管理体制不顺。湿地保护管理、开发利用牵涉面广，至今尚未形成良好的协调机制。如林业部门主管湿地中的森林和陆生野生动植物资源保护，环保部门主管湿地中的水污染防治，农业部门主管湿地中的水生野生动物资源保护，水行政主管部门主管水资源利用，国土资源部门主管湿地土地资源的开发利用和保护。这种管理体制，不仅影响工作效率，而且容易因在湿地保护、利用和管理方面的目标不同、利益不同而影响湿地的保护和管理。因此，湿地资源只有实施统一管理，才能保证其功能的整体发挥。

国务院办公厅《关于加强湿地保护管理的通知》（国办发〔2004〕50号）规定："要认真坚持和逐步完善综合协调、分部门实施的湿地保护管理体制，各级林业部门要做好组织协调工作，各有关部门应按照职责分工，发挥各自的优势，团结协作做好相关的湿地保护管理工作。"根据国务院办公厅文件精神和安徽省实际，《条例》第五条规定："县级以上人民政府林业行政主管部门负责湿地保护的组织、协调、指导和监督等管理工作。县级以上人民政府农业（渔业）、水利、住房城乡建设行政部门按照各自职责，做好湿地保护管理工作；发展改革、规划、财政、国土资源、环保、交通运输、科技、卫生、旅游等行政部门按照各自职责，做好湿地保护管理的有关工作。"这就从部门职责分工的角度明确了实行综合协调、分部门实施的湿地保护管理体制。

（三）加大湿地保护投入，将湿地保护行政管理工作经费纳入财政预算。湿地保护是一项公益性事业，各级人民政府在本级国民经济和社会发展计划中依法安排资金用于湿地保护，是保护、恢复湿地生态环境，维护国家生态安全，促进区域经济社会可持续发展的重要保证。县级以上人民政府应当根据湿地保护规划，安排专项资金，支持湿地保护、恢复和合理利用。除此之外，为了确保湿地管理机构正常运转和开展湿地调查、监测、行政执法、队伍建设、监督检查和各项协调工作的需要，各级财政要将湿地保护行政管理工作经费纳入财政预算。

自"十一五"以来，国家对湿地保护投入逐步加大，由"十一五"期间年均3亿元增加到2014年约20亿元。先后实施湿地保护工程、湿地恢复工程、可持续利用示范工程和能力建设工程。安徽省省级财政虽然设立湿地保护专项资金，但是规模较小；市县级财政湿地保护投入更少；一些国家湿地保护与恢复项目缺少地方配套；一些地方湿地保护与利用矛盾突出，资金投入严重不足。因此，必须健全湿地保护公共投入政策，加大湿地保护投入力度。

（四）建立湿地生态效益补偿机制。湿地保护主要是通过对相关经济活动的限制与禁止来实现的，但湿地同时又是由各种不同权属的自然资源要素所构成的，因而对开发利用活动的限制或禁止会导致资源使用价值的限制，客观上必然会造成自然资源所有权人或使用权人财产权益的损失，其结果是为了社会公共利益而牺牲个人利益。这种牺牲由个人承担，显然有失公平。池州升金湖、安庆菜子湖等湿地是水鸟的重要栖息地，水鸟越冬期往往有成群的水鸟在周边农田觅食，这给湿地周边群众造成一定损失；有些湿地，为了减少人为干扰，限制渔业养殖者经营活动，这给湿地使用者造成一定的损失。因此，《条例》第十八条规定："因保护湿地给湿地所有者或者经营者合法权益受到损害的，应当依法给予补偿。"这些规定可以平衡社会公益和相关权益人的利益。

建立生态补偿制度是我国生态环境保护和生态文明建设的一项重大举措。2015年中共中央、国务院印发的《关于加大改革创新力度加快农业现代化建设的若干意见》提出：实施新一轮退耕还林还草工程，扩大重金属污染耕地修复、地下水超采区综合治理、退耕还湿试点范围，推进重要水源地生态清洁小流域等水土保持重点工程建设。实施湿地生态效益补偿、湿地保护奖励试点和沙化土地封禁保护区补贴政策。2015年中共中央、国务院印发的《生态文明体制改革总体方案》提出："探索建立多元化补偿机制，逐步增加对重点生态功能区转移支付，完善生态保护成效与资金分配挂钩的激励约束机制。制定横向生态补偿机制办法，以地方补偿为主，中央财政给予支持。"《关于健全生态保护补偿机制的意见》（国办发〔2016〕31号）指出："稳步推进退耕还湿试点，适时扩大试点范围。探索建立湿地生态效益补偿制度，率先在国家级湿地自然保护区、国际重要湿地、国家重要湿地开展补偿试点。"由此可见，建立湿地生态效益补偿是贯彻生态文明建设的需要，符合国家政策导向。

需要指出的是，《条例》规定的补偿是指对湿地所有者或经营者的合法权益受损失的补偿；对不合法的活动，则不予补偿，如擅自在湿地围垦等行为。

二、本条第二款是关于乡（镇）人民政府、街道办事处职责的规定

乡（镇）人民政府是最基层的地方人民政府，街道办事处是市辖区人民政府的派出机关，受市辖区人民政府领导。规定乡级人民政府、街道办事处做好本行政区域内湿地保护的有关工作，既有利于发挥政府在湿地保护管理方面的作用，又充分尊重湿地资源保护管理的现实情况。强化基层政府对湿地违法行为的监督职责，使得《条例》的贯彻落实更加具体到位，更有利于湿地的保护管理，提高工作效率，做到及时发现、立即制止，切实解决"看得见，管不着"的问题。

第五条 县级以上人民政府应当建立湿地保护工作协调机制，统筹协调解决湿地保护的重大问题，落实湿地保护的目标和任务。

县级以上人民政府林业行政主管部门负责湿地保护的组织、协调、指导和监督等管理工作。

县级以上人民政府农业（渔业）、水利、住房城乡建设行政部门按照各自职责，做好湿地保护管理工作；发展改革、规划、财政、国土资源、环保、交通运输、科技、卫生、旅游等行政部门按照各自职责，做好湿地保护管理的有关工作。

村民委员会、居民委员会发现违反本条例行为的，有权予以制止，并向湿地保护管理部门报告。

【释义】本条是关于建立保护工作协调机制、主管部门、相关管理部门和村民委员会、居民委员会职责的规定。

一、本条第一款是关于县级以上人民政府建立湿地保护工作协调机制的规定

本款是关于县级以上人民政府在湿地保护方面建立协调机制职责的规定。依照本款规定，县级以上人民政府应当做好以下工作：

（一）建立湿地保护工作协调机制。《条例》第四条规定，湿地保护工作实行综合协调，分部门实施的湿地保护管理体制，各级政府要因地制宜，采用灵活多样的方法，如建立定期联席会议制度、建立跨部门的协调机制、建立部门联络员制度等，通过这些措施，强化政府部门间的沟通、协作与合作，明确各部门责任，变要素式管理为协调式管理，变单部门管理为多部门共同管理，使政府各级部门在湿地保护与利用上达成共识，并最终形成具有约束力的管理规范。

（二）统筹协调解决湿地保护的重大问题。湿地保护的重大问题，往往涉及多部门工作，涉及多方利益，只有通过政府才能协调解决。如湿地保护规划批准与实施、湿地重大项目申报与实施、跨行政区域的湿地管理、重大案件查处、综合行政执法、湿地开发利用项目审批与监管等，这些重大问题，只有通过政府协调才能统一思想、明确任务，确保重大决策的实施和重大问题的解决。

（三）落实湿地保护的目标和任务。湿地保护的目标任务是一个地区湿地保护工作的努力方向和行动指南。目标任务包括总目标、总任务和年度目标任务。《条例》第四条规定，县级以上人民政府应当将湿地保护工作纳入国民经济和社会发展规划。根据国民经济和社会发展规划与湿地保护规划，县级以上人民政府要明确湿地保护的总目标、总任务，并制订年度湿地保护工作计划，明确年度目标任务，并与总目标、总任务相衔接，在此基础上，将目标任务分解落实到各相关部门，制定各项保护管理措施，加强对湿地保护目标任务的监督管理，压实责任，统筹推进。

二、本条第二款是关于明确林业行政主管部门在湿地保护工作中具体职责的规定

国务院办公厅《关于加强湿地保护管理的通知》规定："各级林业部门要做好组织协调工作，各有关部门应按照职责分工，发挥各自的优势，团结协作做好相关的湿地保护管理工作。"国家林业局《湿地保护管理规定》第四条规定："国家林业局负责全国湿地保护工作的组织、协调、指导和监督，并组织、协调有关国际湿地公约的履约工作。县级以上地方人民政府林业主管部门按照有关规定负责本行政区域内的湿地保护管理工作。"根据这些规定和要求，结合安徽省湿地管理机构设置情况，《条例》规定县级以上人民政府林业行政主管部门负责湿地保护的组织、协调、指导和监督等管理工作。具体来说，县级以上人民政府林业行政主管部门主要职责是：制定区域性湿地保护规划，并组织实施；开展本行政区域内的体制、机制设置工作；组织开展湿地生态修复工作；开展湿地保护执法监督工作；提供湿地保护技术服务、科普宣传教育和培训。

三、本条第三款是关于湿地保护相关管理部门职责的规定

本款规定县级以上人民政府农业（渔业）、水利、住房城乡建设、发展改革、规划、财政、国土资源、环保、交通运输、科技、卫生、旅游等行政部门按照各自职责，做好湿地保护管理的有关工作。这里，有关部门分为两大类：一是与湿地保护直接密切相关的部门，即农业（渔业）、水利、环保、国土、住房城乡建设行政部门。这些部门按照各自职责，做好湿地保护管理的有关工作。其中，农业（渔业）部门直接涉及湿地内渔业生产和水生物资源的保护监督管理，协调水生动植物保护和经营利用与湿地保护管理规划相衔接，配合开展湿地资源调查工作，提供相关资料，加强湿地内渔业生产经营的监督管理，确保渔业生产在湿地资源承载力内进行，保护水生动植物；水利部门直接涉及水文水资源管理和水位调整，协调水资源保护规划、水功能区划与湿地保护管理规划相衔接，配合开展湿地资源调查工作，提供相关资料，加强水资源调度，合理安排生态用水，控制湿地围垦，科学布局控水设施的建设与管理；环保部门直接涉及水环境保护；国土部门直接涉及湿地资源征用管理；住房城乡建设部门直接涉及风景名胜区管理，城市、村镇规范建设等，住建部门负

责推进城市建设与湿地保护协调发展，配合开展湿地资源调查工作。二是与湿地保护间接的相关部门，包括发展改革、规划、财政、交通运输、科技、卫生、旅游等行政部门。发展改革部门要统筹湿地保护规划与区域规划和相关部门规划相衔接，积极将湿地保护理念引入相关规划中，制定有关湿地资源保护管理的经济政策，安排有关重大项目；规划部门要将有关规划与湿地保护规划相衔接；财政部门参与制定有关湿地保护管理的经济政策，负责筹集安排重大项目资金及监督管理，并根据湿地保护工作需要，合理安排湿地行政管理经费；交通运输部门负责统筹交通设施建设与湿地保护协调发展，协助湿地野生动植物运输监管；科技部门要支持湿地保护的科学研究；卫生部门要正确处理好血防工作与湿地保护之间的关系；旅游部门负责统筹旅游开发与湿地保护协调发展，加强湿地旅游业行业管理。

四、本条第四款是关于村民委员会、居民委员会职责的规定

村民委员会、居民委员会是基层自治组织，许多湿地位于其所在范围内，《条例》规定，村民委员会、居民委员会有权制止破坏湿地行为，有利于有效保护湿地，及时发现、制止、整治破坏湿地的行为。这是《条例》的一大亮点，可以增强湿地保护的效果。

第六条　每年的 11 月 6 日为安徽湿地日。

县级以上人民政府有关部门应当加强湿地保护宣

传教育工作，普及湿地知识，增强全社会湿地保护意识。

鼓励公民、法人和其他组织以志愿服务、捐赠等形式参与湿地保护。

【释义】本条是关于明确安徽省湿地日时间，县级以上人民政府有关部门应当加强湿地保护宣传的职责和鼓励公众参与湿地保护的规定。

一、本条第一款是关于明确安徽湿地日的规定

为加强对湿地的保护和利用，提高公众的湿地保护意识，1996 年 10 月《湿地公约》第 19 次常务委员会将每年的 2 月 2 日定为世界湿地日，每年确定一个主题。利用这一天，政府机构、组织和公民可以采取各种行动来提高公众对湿地价值和效益的认识。1997 年以来，每年的 2 月 2 日世界湿地日的主题见表 2：

表 2 历年世界湿地日主题

年份	历年世界湿地日主题
1997	湿地是生命之源
1998	湿地之水，水之湿地
1999	人与湿地，息息相关
2000	珍惜我们共同的国际重要湿地
2001	湿地世界——有待探索的世界
2002	湿地：水、生命和文化

（续表）

年份	历年世界湿地日主题
2003	没有湿地——就没有水
2004	从高山到海洋，湿地在为人类服务
2005	湿地生物多样性和文化多样性
2006	湿地与减贫
2007	湿地与鱼类
2008	健康的湿地，健康的人类
2009	从上游到下游，湿地连着你和我
2010	湿地、生物多样性与气候变化
2011	森林与水和湿地息息相关
2012	湿地与旅游
2013	湿地与水资源管理
2014	湿地与农业
2015	湿地：我们的未来
2016	湿地与未来：可持续的生计
2017	湿地减少灾害风险

安徽省是候鸟重要迁徙停歇地和越冬地，每年从11月份开始，大量水鸟陆续来到安徽多处湿地越冬或者停歇，而此时湿地多处于较低水位，是非法猎捕水鸟和围垦湿地的易发期。将"安徽湿地日"设在水鸟来安徽越冬初期，能够增强宣传教育的及时性、针对性，提高社会对湿地保护的关注度，有效保护湿地资源。因此，《条例》将每年的11月6日确定为"安徽湿地日。"

二、本条第二款是关于县级以上人民政府有关部门应当加强湿地保护宣传教育的规定

目前，社会公众还缺乏湿地保护意识，对湿地的价值和重要性缺乏认识。湿地保护和合理利用的宣传、教育工作滞后于经济发展和资源保护形势的要求，宣传教育工作的广度、力度、深度都不够。同时，一些长期形成的传统观念和认识对湿地资源的保护和可持续利用极为不利，必须通过一系列强有力的宣传教育与培训措施，提高公众对湿地，特别是对湿地各种功能、效益的认识，强化公众的湿地保护意识和资源忧患意识，形成有利于湿地保护的大环境和良好气氛。因此，《条例》规定："县级以上人民政府有关部门应当加强湿地保护宣传教育。"

（一）开展常规性的公众宣传教育活动。以多种形式，大力宣传有关湿地和湿地保护与湿地资源可持续利用方面的知识，提高公众对湿地和湿地保护重大意义的认识。并可以结合特定的活动，如"世界湿地日""安徽湿地日""爱鸟周""野生动物保护宣传月"，还有"禁渔期""禁猎区"等规定，集中开展有关湿地生态效益和经济价值方面的公众教育活动，让大家认识到湿地保护的出发点和落脚点都是为了广大群众的根本利益和长远利益。在实践工作中，各地利用会议、报纸杂志、网络、广播电视以及办展览、实地参观等多种形式，全面普及湿地保护、利用和建设知识，做到人人都有保护湿地的自觉意识。

（二）向公众宣传普及湿地知识，唤起公众自觉保护湿地的意识，是保护湿地的一条重要途径。在各类湿地自然保护区、湿地公园建立湿地宣传教育中心等宣传平台，宣传湿地保护的重要意义，使公众在游览湿地风光的同时也能受到生动教育，努力促进公众湿地保护意识的进一步提高。

（三）开展社区宣传。通过向社会各界发放湿地宣传材料，举办针对不同群体的湿地保护讲座，使湿地保护的理念"进机关、进社区、进乡村、进企业、进学校"，营造"保护湿地人人有责"的良好氛围，提高全社会保护湿地的意识。

三、本条第三款是关于鼓励公众参与湿地保护的规定

鼓励志愿服务或捐赠活动，这对弥补湿地保护管理人力、财力的不足，提高湿地保护管理水平具有积极作用。如 2000 年，世界自然基金会（WWF）捐资支持安庆沿江水禽自然保护区开展生物多样性调查，通过引进专家，开展实地考察和培训，不仅提高了保护区人员的业务水平，而且摸清了保护区的情况，为保护区的科学管理发挥了重要作用。2008 年，安徽"绿满江淮"环保志愿者协会（现更名为"绿满江淮环境发展中心"）在安庆菜子湖周边社区开展为期一周的环境调查与宣传活动，有效缓解了保护区人手不足的矛盾，提高社区湿地保护意识效果明显。这种以提供志愿服务或捐赠方式来参与湿地保护工作，应当予以鼓励和提倡。

鼓励公民、法人和其他组织向湿地保护事业进行捐赠，适用《中华人民共和国公益事业捐赠法》的有关规定。第一，捐赠应当是自愿的，任何个人或组织均不得索要或者强迫。捐赠的内容、数额、对象、用途等均应尊重捐赠人

的意愿，当然捐赠应从有利于湿地保护事业的发展出发，捐赠方式、捐赠内容等必须符合国家的法律法规和有关政策，不得违背国家法律，不得妨碍湿地保护事业的发展，不得以捐赠为名从事营利活动。第二，捐赠应当是无偿的，捐赠人将自己的财产给付受赠人，受赠人取得捐赠财产，无须向捐赠人偿付相应的代价。

政府应当通过建立专项基金、接受社会公益捐赠等方式来筹集湿地保护经费。有关部门要规范管理捐赠的财物，接受公众监督，提高资金的使用效果。

第七条 县级以上人民政府及其有关部门应当鼓励、支持湿地保护科学技术研究、技术创新和推广，提高湿地保护的科学技术水平。

【**释义**】本条是关于开展科学技术研究、技术创新和推广，提高湿地保护科学技术水平的规定。

加强湿地保护管理，须科技先行。为进一步发挥科技在湿地保护管理中的基础性作用，要加强湿地科研机构建设和人才培养；提高湿地科学研究水平和质量，提高整个湿地保护管理工作的科学化水平。

近几年来，安徽省在湿地科研、技术推广、队伍建设、人才培养等方面做了大量工作，并取得了成绩和经验，但随着经济社会发展，湿地保护、恢复和合理利用对科技的需求更加迫切。目前存在的主要问题有：一是科技创新能力不足，解决重大科技问题的能力不强；二是有限的技术研究与湿地管理结合不够紧密，缺乏对不同类型湿地恢复的实用技术研究；三是人才不足，不能适应湿地保护的实际需要；四是对湿地科技的投入不足，影响湿地保护科技的发展。因此，本条规定，县级以上人民政府及其有关部门应当鼓励、支持湿地保护科学技术研究、技术创新和推广，提高湿地保护的科学技术水平。

加强湿地科学研究，应该重点开展以下工作：湿地生态系统自然演替规律研究；湿地保护模式研究；湿地退化机理研究；湿地生态价值评估研究；水资源综合利用模式研究等。在科技创新和推广方面，应重点开展退化湿地修复关键技术的研究与推广、不同类型湿地合理利用模式的研究和湿地植被优化重建的研究与推广等。

第八条　任何单位和个人都有保护湿地的义务，对破坏、侵占湿地的行为有投诉、举报的权利。

县级以上人民政府林业行政主管部门应当建立投诉举报受理和查处制度，公布投诉举报受理方式，及时查处破坏、侵占湿地的行为。

【释义】 本条是关于公众参与保护湿地的义务和权利以及主管部门应建立投诉举报受理和查处制度，公布受理方式的规定。

一、本条第一款是关于公众参与保护湿地的义务和权利的规定

任何单位和个人都有保护湿地的义务，是指单位和个人不得破坏湿地，发生破坏湿地行为的必须承担治理被破坏湿地的责任。湿地资源是公共资源，与人类的生活息息相关，保护湿地应成为全民、全社会的共识。因此，任何单位和个人都有保护湿地的义务，不得实施破坏湿地的行为。

我国宪法明确规定："国家保护和改善生活环境和生态环境，防治污染和其他公害。"湿地是自然环境的重要组成部分，任何单位和个人都有保护湿地环境的义务。因此《条例》规定，任何单位和个人对破坏、侵占湿地的行为有投诉和举报的权利。投诉和举报既可以用书面形式，也可以以口头形式提出，但应当着重说明被检举人或者被控告人的具体违法行为等情况。《条例》明示单位和公民个人对造成湿地破坏的行为行使投诉和举报权，有利于贯彻"保护优先"的原则，防止破坏湿地行为的发生，对已经发生的破坏湿地的行为也能迅速采取措施，防止损失的扩大。

二、本条第二款是关于主管部门应建立投诉、举报、受理和查处制度，公布受理方式的规定

本款是对第一款的补充说明，包含三层意思：一是明确林业行政主管部门对投诉、举报、受理的责任；二是林业行政主管部门建立投诉、举报、受理制度和方式；三是及时查处破坏、侵占湿地的行为。

为便于单位和个人投诉，林业行政主管部门作为投诉、举报的受理部门，必须制定投诉、举报、受理和查处制度，并作为信息公开的一项内容向全社会公开，包括破坏湿地的违法行为，受理单位的电话、联系人和电子邮箱，以及受理方式（书面或口头），查处办法等。受理后必须查清事实，及时处理，提高办事质量和效率。凡情况属实的，应当责令停止违法行为，限期恢复，并给予责任单位或责任人相应的处罚；可能构成犯罪的，应当移交司法机关。收到投诉和举报的部门无权查处的，应当告知投诉人和举报人向有权查处的部门反映或者依法移送有查处权的部门。相关部门应当保护投诉人和举报人，不得压制、打击投诉人和举报人，处理结果应当及时告知投诉、举报的单位和个人。

第二章 规 划

第九条 县级以上人民政府林业行政主管部门应当会同有关部门，一般每五年组织一次湿地资源调查。湿地资源调查结果报本级人民政府批准后公布，并作为编制或者调整湿地保护规划的重要依据。

县级以上人民政府林业行政主管部门应当会同有关部门对湿地资源变化情况进行监测，建立湿地资源档案，实行信息共享。

【释义】本条是关于湿地资源调查和监测、建立湿地资源档案、实行信息共享的规定。

一、本条第一款是关于对湿地资源调查的规定

（一）开展湿地资源调查是林业行政主管部门的重要职责。湿地资源调查是湿地保护的一项重要基础性工作，目的是查清本区域内湿地资源及其环境现状，了解湿地资源的动态消长规律，建立湿地资源数据库和管理信息平台，并逐步实现对湿地资源进行全面、客观的分析评价，为湿地资源的保护管理和合理利用提供统一完整、及时准确的基础资料和决策依据。《条例》规定，县级以上人民政府林业行政主管部门负责湿地保护的组织、协调、指导和监督管理，因此，开展湿地资源调查是林业行政主管部门义不容辞的职责。湿地资源调查是一项综合性调查，包括水环境、动植物资源、气候水文、保护现状、湿地利用、社区经济等，调查要素涉及林业、农业（渔业）、环保、水利、规划、国土等相关部门，因此，林业部门必须会同有关部门开展调查工作，以保障调查工作顺利进行，同时也加强了与相关部门的协调沟通。安徽省已分别于 2000 年和 2011 年开展了全省范围内的湿地资源调查工作，为生态红线划定、重要湿地确认和全省湿地保护管理工作的开展提供了重要依据。

（二）湿地资源调查要定期进行。由于湿地资源变化情况有着明显的时段特征，存在一个从量变到质变的过程，因此需要定期开展调查工作。开展调查的频次要适度，过于频繁，则不能反映湿地资源的宏观变化。实际意义不大的调查，在一定程度上还会造成人力、物力和财力的浪费。调查间隔过长，则不利于掌握湿地资源的变化情况，也会淡化社会对湿地保护的警觉和关注，从而很大程度上影响政府的宏观决策。根据调查的通常做法，一般要求调查周期与国民经济和社会发展规划相协调，因此，每五年开展一次调查比较适宜。湿地资源调查的技术方法按国家和省有关技术规程进行。

（三）湿地资源调查结果要报政府批准后公布。为充分发挥湿地资源调查成果的作用，更好地为国民经济和社会发展服务，调查结果应当按照国家有关规定予以公开。湿地保护的职能涉及多个部门和多方利益，需要政府统一组织、协调才能完成。同时公布湿地资源调查结果是县级以上人民政府的一项职责。经政府公布的湿地资源调查结果，具有权威性，是科学开展湿地保护工作的重要依据。

（四）湿地资源调查结果是编制湿地保护规划的重要依据。湿地资源调查结果主要包括湿地类型、面积、分布、平均海拔、水源补给状况、生物多样性状况、土地所有权、保护管理状况、所属流域及流域级别等。开展湿地资源调查是因地制宜、有针对性地开展湿地保护工作的前提和基础。湿地保护规划是统筹协调、突出重点，有效开展湿地保护工作的重要依据。作为指导湿地保护工作的纲领性文件，湿地保护规划只有在湿地资源调查结果的基础上进行编制，才更具有科学性、针对性、指导性和可操作性。

二、本条第二款是关于对湿地资源监测、建立湿地资源档案、实行信息共享的规定

（一）对湿地资源进行监测，是湿地保护的一项基础措施。通过监测，可掌握湿地因子动态变化情况，分析湿地生态特征及其演变过程和规律，及时提出采取相应预防和治理对策措施。湿地监测既是技术性保障工作，也是进行有效行政管理工作的依据。

做好监测工作，第一，必须建立全省湿地资源监测体系。县级以上人民政府林业行政主管部门应当会同农（渔）

业、水利、国土资源、环境保护等有关部门建立湿地资源监测体系,科学合理地布设监测站点,使监测工作正常化。第二,根据国家有关技术规范,制定符合安徽实际的湿地监测技术规范,确保监测工作规范化。

(二)建立湿地资源档案,实行信息共享。湿地资源档案的建立,一方面可为政府制定可持续发展的资源环境宏观决策提供强有力的依据,如生态环境建设、重大自然灾害的防治以及湿地资源的保护、规划、恢复、利用等,可以依赖于这种湿地管理的定量化结论;另一方面,湿地资源档案可面向湿地科技工作者,为其提供不同区域、形式和内容的湿地信息,从而直接服务于湿地科研工作。因此,应当详细记录通过监测掌握的湿地资源概况,汇总湿地监测信息,建立一套包括湿地的空间分布、变化动态、环境及其属性特征等信息在内的完整的湿地资源档案,从而实现信息共享。

第十条 省人民政府林业行政主管部门应当会同有关部门编制全省湿地保护规划。设区的市、县级人民政府林业行政主管部门应当会同有关部门,根据上一级湿地保护规划组织编制本行政区域湿地保护规划。

【释义】本条是关于编制湿地保护规划的规定。

根据本条规定,湿地保护规划由全省湿地保护规划、设区的市级湿地保护规划和县级湿地保护规划三级组成。

一、全省湿地保护规划的编制

全省湿地保护规划是对全省湿地保护的概况、重点与布局、采取的措施等方面内容进行的统筹安排、总体部署，是宏观指导全省湿地保护工作的依据。因此，本条规定，全省湿地保护规划由省林业行政主管部门会同省农业、水利、土地、环境保护等有关部门共同编制，报省人民政府批准。

二、设区的市、县湿地保护规划

下级规划必须依据上级规划编制，设区的市、县湿地保护规划必须依据全省湿地保护规划进行编制，符合全省湿地保护规划确定的目标任务和总体布局。《安徽省湿地保护规划（2016—2030）》已经省人民政府批准实施。各设区的市、县级湿地保护规划应根据全省湿地保护规划尽快抓紧编制。要通过编制和实施湿地保护规划，把湿地保护的任务落实到各地区、各有关部门和单位，落实到具体湿地斑块，把规划提出的各项任务落到实处。

第十一条 县级以上人民政府林业行政主管部门编制或者调整湿地保护规划，应当通过座谈会、论证会、公布规划草案等形式，征求有关单位、专家和公众的意见。

【**释义**】本条是关于编制或调整湿地保护规划有关程序的规定。

《中华人民共和国环境保护法》第五十三条规定："公民、法人和其他组织依法享有获取环境信息、参与和监督环境保护的权利。各级人民政府环境保护主管部门和其他负有环境保护监督管理职责的部门，应当依法公开环境信息、完善公众参与程序，为公民、法人和其他组织参与和监督环境保护提供便利。"《中华人民共和国城乡规划法》第二十六条规定："城乡规划报送审批前，组织编制机关应当依法将城乡规划草案予以公告，并采取论证会、听证会或者其他方式征求专家和公众的意见。公告的时间不得少于三十日。组织编制机关应当充分考虑专家和公众的意见，并在报送审批的材料中附具意见采纳情况及理由。"我国其他有关法律法规也规定了信息公开和公众参与的内容。因此，对湿地保护规划的编制或者调整，通过多种方式，征求有关单位、专家和公众的意见，既是法律的要求，也是相关部门的职责。

湿地保护规划的编制要广泛听取各方面的意见。通过召开不同形式的座谈会、论证会、公布规划草案等形式征求编制或调整湿地保护规划的意见时，要将湿地保护规划的起草过程、历史背景、主要框架内容及调整原因等向征求意见的单位、专家及公众作介绍，让社会公众了解湿地保护规划的总体定位、指导思想、任务目标和工作措施。征求有关专家意见，目的是提高规划的前瞻性、综合性和科学性；征求公众意见，目的是听取群众的意愿和呼声，维护群众的利益，提高规划的针对性、可操作性和广泛性。在规划过程中，社会各界广泛参与，为湿地保护规划出谋献策，才可以做到集中民智、协调利益、达成共识，使政府决策充分体现人民群众的意愿，使湿地保护规划所确定的目标和任务转化为社会各界的自觉行动，也是落实群众的知情权、参与权、监督权的重要途径。如果没有公众参与，不广泛听取意见，则所制定的湿地保护规划就难以被社会公众所认同，在实施过程中就难以得到全社会的广泛支持和配合，湿地保护规划的实施就难以达到预期的效果。编制或者调整湿地保护规划时，要向有关单位、专家和公众征求意见，也是本条例立法的要求和湿地保护规划需要补充和完善相关资料的需要。

第十二条 湿地保护规划报同级人民政府批准后组织实施，并向社会公布。

湿地保护规划的调整，应当报原审批机关批准。

【释义】本条是关于湿地保护规划批准机关和湿地保护规划调整程序的规定。

一、本条第一款是关于湿地保护规划批准机关的规定

（一）湿地保护管理体制是在政府统一领导下，分部门实施，即对湿地中的各种资源的具体管理，仍然按照法律、法规的规定由有关部门分别管理。由于湿地保护规划涉及多个部门的职能，由某个部门单独批准不具备全面性和代表性，所以湿地保护规划经同级人民政府发布更具有权威性和公正性。因此，本条规定湿地保护规划须报同级人民政府批准后组织实施，并向社会公布。

（二）将湿地保护规划向社会公布是信息公开原则的必然要求。信息公开是公众参与的前提，公众全面参与到湿地保护中，可以促进全民湿地保护意识的提高。《中华人民共和国政府信息公开条例》第四条规定："各级人民政府及县级以上人民政府部门应当建立健全本行政机关的政府信息公开工作制度，并指定机构负责本行政机关政府信息公开的日常工作。"第十条第二项也明确指出，国民经济和社会发展规划、专项规划、区域规划及相关政策是主动公开的政府信息的具体内容之一。

二、本条第二款是关于湿地保护规划调整审批的规定

由于自然条件和湿地资源状况不断发生变化，为适应新形势、新情况的需要，湿地保护规划也应作相应的修改。对因形势发生变化，湿地保护规划确需修改部分内容的，要在征求有关单位、专家和公众的意见后，调整规划内容。调整后的湿地保护规划必须按照规划编报程序报原批准机关批准，未经规定程序批准不得随意变动规划。这样，规定既维护了湿地保护规划的严肃性和权威性，杜绝了修订的随意性，又考虑到由于情况发生变化而允许某些规划内容修订的灵活性，并进一步强调了修改规划的严肃性。

第十三条 湿地保护规划应当包括下列内容：

（一）湿地资源分布情况、类型及特点、水资源、野生生物资源状况；

（二）保护和利用的指导思想、原则、目标和任务；

（三）湿地生态保护重点建设项目与建设布局；

（四）投资估算和效益分析；

（五）保障措施。

湿地保护规划，应当注重绿色发展，与经济社会发展相协调，并与土地利用总体规划、城乡规划、环境保护规划、流域综合规划、水资源综合规划等相衔接。

县级以上人民政府发展改革、林业、农业（渔业）、水利、交通运输、环保、住房城乡建设、规划、旅游等行政部门相关规划涉及湿地的，应当包括湿地保护相关措施。

【释义】本条是关于湿地保护规划的内容和与相关规划相衔接的规定。

一、本条第一款是关于湿地保护规划内容的规定

湿地保护规划内容主要包括湿地资源分布情况、类型及特点、水资源、野生生物资源状况、指导思想、重点建设项目与建设布局、投资估算和保障措施等。

本款第一项内容是编制规划要根据湿地资源调查与监测的成果，系统分析湿地的类型、分布、原因、威胁因素及发展趋势，全面反映湿地资源状况。这是编制规划的重要基础依据。

本款第二项内容是规划要根据国家生态文明建设和生态建设的总要求，结合国家和安徽省湿地保护的目标任务，确定本区域内湿地保护与利用的指导思想、目标和任务。

本款第三项内容是根据规划范围内各地不同的自然条件、社会经济情况及发展趋势，对湿地保护进行规划，确定湿地保护的主攻方向，因地制宜，合理确定湿地保护和利用的重点任务与建设布局，包括湿地保护、湿地恢复、合理利用的建设重点与布局。

本款第四项内容是根据规划建设的内容，估算投资规模，安排资金来源，分析规划实施所产生的效益，包括生态、经济和社会效益。

本款第五项内容是规划要提出具体的保障措施。为了保证规划的顺利实施，必须明确保障措施，包括组织保障、政策保障、资金保障、管理保障等。

二、本条第二款是关于湿地保护规划编制要求以及与相关规划相互衔接的规定

（一）湿地保护规划要注重绿色发展，与经济社会发展相协调。党的十八届五中全会提出了"创新、协调、绿色、开放、共享"五大发展理念，这是我国"十三五"时期的发展思路。绿色发展作为五大发展理念之一，贯穿于国民经济和社会发展全过程。绿色发展就是坚持节约资源和保护环境的基本国策，坚持可持续发展，坚定走生产发展、生活富裕、生态良好的文明发展道路，加快建设资源节约型、环境友好型社会，形成人与自然和谐发展的现代化建设新格局。《安徽省五大发展行动计划》也明确指出，要实施绿色发展行动，以"三河一湖一园一区"生态文明示范创建为引领，大力发展绿色循环低碳经济，完善环境保护体制机制，加快建设绿色江淮美好家园。湿地是自然生态系统的重要组成部分，是人类生存和发展的重要基础，因此，湿地保护规划必须坚持绿色发展的理念，将湿地保护作为规划的重点。同时，湿地具有重要的经济价值，湿地保护规划必须将湿地合理利用作为一项重要的内容，正确处理好湿地保护与利用的关系，将湿地保护纳入地方经济和社会发展规划，与地方经济社会发展规划相协调，促进湿地资源可持续利用。

（二）湿地保护规划应当与其他相关规划相衔接。土地利用总体规划、城乡规划、环境保护规划、流域综合规划、水资源综合规划等是根据自然及资源状况和经济社会发展的要求，对土地及水资源的保护、开发和利用的方向、规模、方式，以及对城市及村镇布局与建设、环境保护与治理等方面做出的全局性、整体性的统筹部署和安排。这些规划的实施，涉及大量的湿地保护和恢复问题，规划编制时应当适应国家和区域对湿地保护的要求，安排好湿地保护措施。同时，湿地保护规划也要考虑国家对土地和水资源的保护、开发和利用，以及城乡建设和环境保护的需要，既要做好湿地保护的支撑作用，也要确保湿地资源得到有效保护。湿地保护规划属于土地利用总体规划中的专项规划，与城乡、环保、水资源、流域等规划关系密切，所以需要相互衔接，以利于湿地保护。这样，湿地保护规划才更具有可操作性。

三、本条第三款是关于相关部门编制相关规划涉及湿地的，应当包括湿地保护相关措施

发展改革、林业、农业（渔业）、水利、交通运输、环保、住房城乡建设、规划、旅游等行政部门的相关规划，是对各自领域发展方向和区域性开发、建设的总体安排和部署。列入这些规划的生产建设项目，实施时可能会扰动、破坏湿地，引起生态环境的破坏，对生物多样性造成影响。因此，相关部门编制规划、组织编制机关应当从湿地保护角度，分析论证这些规划所涉及的项目总体布局、规模以及建设的区域和范围对湿地资源和生态环境的影响，并提出相应的湿地保护治理对策和措施，并将这些措施纳入相关规划之中，确保这些规划确定的发展部署和安排，符合湿地保护的有关要求。

第十四条 县级以上人民政府应当科学合理地划定湿地生态红线，确保湿地生态功能不降低、面积不减少、性质不改变。

城市总体规划及相关专项规划应当对规划区内的湿地进行规划控制，推进城市恢复既有湿地和建设人工湿地。

【释义】本条是关于湿地生态红线划定和湿地恢复建设的规定。

一、本条第一款是关于划定湿地生态红线的规定

生态红线是指为维护国家或区域生态安全和可持续发

展，根据生态系统完整性和连通性的保护需求划定的需实施严格保护的区域。当前，湿地面积缩小，功能下降问题日趋严峻，划定湿地生态红线迫在眉睫。新修订的《中华人民共和国环境保护法》第二十九条明确规定："国家在重点生态功能区、生态环境敏感区和脆弱区等区域划定生态保护红线，实行严格保护。生态红线是保障和维护国土生态安全、人居环境安全、生物多样性安全的底线，是维护生态平衡的控制线、保障生态安全的警戒线、推进可持续发展的生命线。"

各县（市、区）要依据国家有关规定，编制本区域湿地生态红线划定成果（包括划定方案、成果图和数据库），将本区域湿地生态红线落实到湿地保护范围。生态红线一旦划定，必须落实保护措施，严格保护湿地红线区域，确保湿地生态功能不降低，面积不减少，性质不改变。

二、本条第二款是关于城市规划区内湿地保护恢复与人工湿地建设的规定

本款包括三个方面内容，一是城市湿地从规划上控制；二是恢复城市湿地；三是建设城市人工湿地。

（一）城市湿地从规划上控制。简单地说，城市湿地就是分布于城市规划区内的湿地。城市湿地是一个城市宝贵的自然资源，它对调节气候、降解污染、蓄洪防旱具有十分重要的意义；同时，由于城市人口集中，在休闲观光和环境教育方面更具优势，当前存在的城市湿地污染、侵占、破坏和减少等问题，严重削弱了湿地对城市的功能与作用，甚至影响城市居民的正常生活。因此，本条规定要在城市规划区内的湿地进行规划控制，这对从源头上控制侵占湿地具有重要作用。各级人民政府及相关部门在编制有关规划时，要考虑湿地分布，对规划区内的湿地进行规划控制，不能侵占湿地，减少湿地面积。

（二）恢复城市湿地。对退化湿地，各级政府要采取措施进行恢复。第一，消除造成湿地退化因子，如建筑物、构筑物、围垦等；第二，通过清淤、沟通河湖水系、建立湿地补水机制、恢复自然水文特征、控制污染等措施来恢复湿地。各级人民政府及其有关部门要将湿地保护与修复纳入城市建设总体规划，对自愿从事湿地修复的单位和个人，给予政策、资金、技术等方面的扶持。

（三）建设城市人工湿地。为扩大湿地面积，在有条件的地方可结合城市建设或其他工程建设，因地制宜地建设人工湿地，如城市低洼地、水系出入口或周围、采矿塌陷区、工程取土区等，城市中符合条件的可以建成湿地公园、湿地保护小区或多用途管理区等，以充分发挥湿地功能。

第三章 保 护

第十五条 湿地根据其重要程度、生态功能等，分为重要湿地和一般湿地。

重要湿地分为国际重要湿地、国家重要湿地和省重要湿地。申报列入国际重要湿地、国家重要湿地名录的，按国家有关规定执行。

【释义】本条是关于安徽省湿地分级划分的规定。

一、本条第一款是关于重要湿地和一般湿地的规定

湿地的重要程度是指湿地在发挥其功能作用方面的重要性，如湿地作为饮用水源、湿地分布的野生动植物种类和数量、湿地收获的水产品效益、湿地的灌溉和航运效益等；湿地生态功能是指湿地固有的属性，是湿地生物和非生物相互作用表现出来的性质和特点，如湿地降解污染、维护生物多样性、调节气候等功能。根据湿地重要程度和生态功能进行综合分析评估，将湿地划分为重要湿地和一般湿地。这种划分正确处理了主要矛盾和次要矛盾的关系，有利于对湿地分级管理，有利于集中人力、财力、物力保

护重要湿地，有利于湿地保护管理工作统筹安排，协调推进。本款规定与国家林业局《湿地保护管理规定》第十二条规定是一致的。

重要湿地对人类的重要程度和提供的生态服务功能大于一般湿地。如池州升金湖、安庆菜子湖湿地栖息大量的白鹤、白头鹤、东方白鹳等国际濒危物种和国家重点保护的野生动物，扬子鳄国家级自然保护区有我国特有的濒危野生动物扬子鳄，这些湿地在维护生物多样性方面具有十分重要的作用。有些湿地在调蓄洪水，提供水源方面具有巨大作用，如太湖花亭湖湿地等，这些湿地都是重要湿地。本条第二款对重要湿地的条件作了规定，重要湿地之外的湿地列入一般湿地。

二、本条第二款是关于重要湿地分级划分的规定

本款规定，重要湿地分为国际重要湿地、国家重要湿地和省重要湿地，根据重要湿地的功能和重要程度作进一步分级划分。

（一）国际重要湿地。国际重要湿地是指符合国际湿地公约标准，在国际上具有代表性和具有全球意义的湿地。截至 2016 年底，我国国际重要湿地数量已达 49 处。湖南东洞庭湖自然保护区、江西鄱阳湖国家自然保护区等 7 处湿地是我国第一批列入的国际重要湿地。安徽省目前有国际重要湿地 1 处，即安徽升金湖国家级自然保护区。根据《湿地公约》有关规定，国际重要湿地的指定标准包括 2 组 9 项：

指定标准组 A： 具有代表性、典型性、稀有性或特殊性

的湿地

标准 1：能很好地代表所在生物地理区域的基本特征，并处在自然或接近自然状态的、具有所在生物地理区域上代表性、典型性、稀有性或特殊性的湿地。

指定标准组 B：保持生物多样性的湿地

（1）基于物种或生态群落的指定标准

标准 2：拥有易危、濒危和极危物种或受到威胁的生态群落的湿地。

标准 3：拥有对维持特殊生物地理区域生物多样性的动植物种群的湿地。

标准 4：为动植物生活史中关键时期的栖息地或为动植物在不利条件下提供避难所的湿地。

（2）基于水禽的特定指定标准

标准 5：正常状况下维持 20000 只或以上水禽的湿地。

标准 6：正常状况下维持某一水禽物种或亚种之 1% 的个体数量的湿地。

标准 7：维持代表湿地效益和价值的一定数量原产鱼类的种、亚种或科，或其生活史的一定阶段，或其物种相互作用的一部分或种群数量，因而能对全球的生物多样性做出贡献的湿地。

标准 8：无论是否在该湿地区域上或以外的区域，但是某些鱼类及其产卵地、生长地或鱼群洄游线路的重要食物来源依靠的湿地。

（3）基于其他类群的特定指定标准

标准 9：正常状况下个体数量维持在某一依赖湿地生存

的非水禽物种或亚种 1‰的湿地。

（二）国家重要湿地。国家重要湿地是指功能与效益的重要性具有国家重要意义的湿地，即该湿地在保障国家生态安全、保护生物多样性、保存历史文化遗产、促进社会经济可持续发展方面具有国家重要意义。根据国家重要湿地确认指标（中华人民共和国国家质量监督检验检疫总局和中国国家标准化管理委员会发布，GB/T 26535—2011），凡符合下列任一标准的被视为具有国家重要意义的湿地：

1. 具有某一生物地理区自然或近自然湿地的代表性、稀有性或独特性的典型湿地；

2. 支持着易危、濒危、极度濒危物种或者受威胁的生态群落；

3. 支持着对维护一个特定生物地理区的生物多样性具有重要意义的植物或动物种群；

4. 支持动植物种生命周期的某一关键阶段或在对动植物种生存不利的生态条件下对其提供庇护场所；

5. 定期栖息水鸟 2 万只或更多；

6. 定期栖息的某一水鸟物种或亚种的个体数量，占该种群全球个体数量的 1‰以上；

7. 栖息着本地鱼类的亚种、种或科的绝大部分，其生命周期的各个阶段、种间或种群间的关系对维护湿地效益和价值方面具有典型性，并因此有助于生物多样性保护；

8. 是鱼类的一个重要食物场所，并且是该湿地内或其他地方的鱼群依赖的产卵场、育幼场或洄游路线；

9. 定期栖息某一依赖湿地的非鸟类动物物种或亚种的个体数量，占该种群全球个体数量的 1% 以上；

10. 分布在河流源头区或其他重要水源地，具有重要生态学或水文学作用的湿地；

11. 具有中国特有植物或动物物种分布的湿地；

12. 具有显著的历史或文化意义的湿地。

2000 年由国家林业局等 17 部委编制发布的《中国湿地保护行动计划》，是中国在近一段时间内实施湿地保护、管理和可持续利用的行动指南。计划明确国家重要湿地的认定标准，在首批公布的 173 处国家重要湿地的目录中，安徽省的巢湖、升金湖、石臼湖、太平湖、扬子鳄栖息地等 5 处湿地名列其中。

（三）国际重要湿地和国家重要湿地申报确认。国家林业局《湿地保护管理规定》第十五条指出："符合国际湿地公约国际重要湿地标准的，可以申请指定为国际重要湿地。申请指定国际重要湿地的，由国务院有关部门或者湿地所在地省、自治区、直辖市人民政府林业主管部门向国家林业局提出。国家林业局应当组织论证、审核，对符合国际重要湿地条件的，在征得湿地所在地省、自治区、直辖市人民政府和国务院有关部门同意后，报国际湿地公约秘书处核准列入《国际重要湿地名录》。"

国家重要湿地的申报确认由湿地所在县级以上人民政府或具有同等级别的湿地直接管理机构提出申请，按县（市、局）、省（自治区、直辖市）、国家林业局逐级上报，逐级审查，国家林业局终审确认。省内跨行政区域的湿地，由湿地同属上级人民政府或湿地管理机构向省级湿地行政主管部门提出申请。跨省级行政区域的湿地，由湿地分布区的省级湿地行政主管部门组织协调湿地所在地县级以上人民政府或湿地管理机构联合编制申报材料，各自向本省湿地行政主管部门提出申请。

（四）省重要湿地。国家林业局《湿地保护管理规定》第十四条规定：县级以上地方人民政府林业主管部门会同同级人民政府有关部门划定地方重要湿地，并向社会公布。地方重要湿地和一般湿地的管理办法由省、自治区、直辖市制定。

第十六条 符合下列条件之一的，列为省重要湿地：

（一）国家级、省级湿地类型自然保护区和湿地公园；

（二）国家和省重点保护野生动物物种的栖息地、繁殖地、越冬地或者迁徙停歇地，重点保护野生植物的原生地；

（三）其他典型的、独特的，具有重要生态功能的，或者具有重大科学文化价值的湿地。

【释义】本条是关于安徽省重要湿地基本条件的规定。

一、本条第一项规定国家级、省级湿地类型自然保护区、湿地公园为重要湿地

根据《中华人民共和国自然保护区条例》第二条规定："本条例所称自然保护区，是指对有代表性的自然生态系统、珍稀濒危野生动植物物种的天然集中分布区、有特殊意义的自然遗迹等保护对象所在的陆地、陆地水体或者海域，依法划出一定面积予以特殊保护和管理的区域。"《国家湿地公园管理办法（试行）》指出："湿地公园是指以保护湿地生态系统、合理利用湿地资源为目的，可供开展湿地保护、恢复、宣传、教育、科研、监测、生态旅游等活动的特定区域。"

安徽省国土面积 13.94 万平方千米。根据安徽省第二次湿地资源调查结果，安徽省湿地总面积为 104.18 万公顷，湿地率为 7.47％。其中，自然湿地面积 71.36 万公顷，占湿地总面积的 68.49％；人工湿地面积 32.82 万公顷，占湿地总面积的 31.51％。

截至 2016 年底，全省共建立湿地公园 46 处，公园面积达 98583.45 公顷，占国土面积的 0.71％，湿地面积 69989.56 公顷。其中：国家湿地公园 26 处，面积 81057.99 公顷，湿地面积 57918.34 公顷；省级湿地公园 13 处，面积 15860.17 公顷，湿地面积 11078.28 公顷；市级湿地公园 7 处，面积 1665.29 公顷，湿地面积 992.94 公顷（见表 3）。

表 3 安徽省湿地公园（数据截至 2016 年 12 月）

单位：公顷

序号	名　称	面　积	主要保护对象
1	黄山区太平湖国家湿地公园	9850.00	库塘湿地生态系统
2	蚌埠三汊河国家湿地公园	800.00	河流湿地生态系统
3	颍上迪沟国家湿地公园	2800.00	塌陷湿地生态系统
4	泗县石龙湖国家湿地公园	1485.00	河流湿地生态系统

（续表）

序号	名　称	面　积	主要保护对象
5	淮南焦岗湖国家湿地公园	3267.00	湖泊湿地生态系统
6	太和沙颍河国家湿地公园	714.00	河流湿地生态系统
7	太湖花亭湖国家湿地公园	21841.00	库塘湿地生态系统
8	颍州西湖国家湿地公园	666.00	湖泊湿地生态系统
9	石台秋浦河源国家湿地公园	1850.00	河流湿地生态系统
10	六安淠河国家湿地公园	4448.00	河流湿地生态系统
11	涡阳道源国家湿地公园	849.12	塌陷湿地生态系统
12	池州平天湖国家湿地公园	2901.00	湖泊湿地生态系统
13	安庆菜子湖国家湿地公园	2539.00	湖泊湿地生态系统
14	桐城嬉子湖国家湿地公园	5445.89	湖泊湿地生态系统
15	界首两湾国家湿地公园	504.34	河流湿地生态系统
16	利辛西淝河国家湿地公园	958.71	河流湿地生态系统
17	肥西三河国家湿地公园	1887.22	河流湿地生态系统
18	休宁横江国家湿地公园	661.09	河流湿地生态系统
19	阜南王家坝国家湿地公园	7054.47	洪泛平原湿地生态系统
20	庐阳董铺国家湿地公园	4667.43	湖泊湿地生态系统
21	肥东管湾国家湿地公园	664.24	水库湿地生态系统
22	淮北中湖国家湿地公园	1056.18	塌陷湖泊湿地生态系统
23	颍泉泉水湾国家湿地公园	587.76	河流湿地生态系统
24	巢湖半岛国家湿地公园	998.36	湖泊湿地生态系统
25	蒙城北淝河国家湿地公园	1367.14	塌陷湖泊湿地生态系统
26	潜山潜水河国家湿地公园	1450.06	河流湿地生态系统
国家湿地公园小计		81313.01	

（续表）

序号	名　称	面　积	主要保护对象
27	含山大渔滩省级湿地公园	466.30	湖泊湿地生态系统
28	南陵奎湖省级湿地公园	505.37	湖泊湿地生态系统
29	颍东区东湖省级湿地公园	6133.00	河流湿地生态系统
30	来安池杉湖省级湿地公园	143.20	湖泊湿地生态系统
31	包河区滨湖省级湿地公园	906.50	湖泊湿地生态系统
32	凤台凤凰湖省级湿地公园	508.07	湖泊湿地生态系统
33	潘集区泥河省级湿地公园	2671.87	塌陷湿地生态系统
34	界首莲浦湖省级湿地公园	176.00	河流湿地生态系统
35	临泉泉鞍洲省级湿地公园	850.00	河流湿地生态系统
36	安徽宛陵湖省级湿地公园	267.40	湖泊湿地生态系统
37	安徽桐汭省级湿地公园	257.04	河流湿地生态系统
38	贵池杏花村省级湿地公园	2482.12	河流湿地生态系统
39	溪滩凤栖湖省级湿地公园	493.30	塌陷湖泊湿地生态系统
	省级湿地公园小计		15860.17
40	肥东龙栖地市级湿地公园	889.40	库塘湿地生态系统
41	宣城金梅岭市级湿地公园	45.47	湿地生态系统
42	宣城龙须湖市级湿地公园	318.00	湿地生态系统
43	宣城张家湾市级湿地公园	205.00	湿地生态系统
44	宣城储家滩市级湿地公园	36.15	湿地生态系统
45	宣城平垣市级湿地公园	144.27	湿地生态系统
46	宣城丁家山市级湿地公园	27.00	湿地生态系统
	市级湿地公园小计		1665.29
	全省湿地公园合计		98838.47

54

截至 2016 年底，全省已建湿地类型自然保护区 23 处，总面积 301882.8 公顷，占省国土面积的 2.17%。其中，国家级 3 处，面积 83483 公顷；省级 12 处，面积 187969.5 公顷；市级 2 处，面积 12054 公顷；县区级 6 处，面积 18376.3 公顷（见表 4）。

表 4　安徽省自然保护区基本情况表（数据截至 2016 年 12 月底）

单位：公顷

序号	名　称	位　置	面　积	保护对象
1	安徽扬子鳄国家级自然保护区	宣州区、郎溪、广德、泾县、南陵	18565.0	扬子鳄及栖息地
2	安徽升金湖国家级自然保护区	池州市	33400.0	湿地生态系统及白头鹤、白鹤、白枕鹤、灰鹤、东方白鹳、黑鹳、白琵鹭、小天鹅、白额雁、鸳鸯等
3	安徽铜陵淡水豚国家级自然保护区	枞阳、无为、贵池、铜陵	31518.0	淡水豚类及湿地生态系统
4	安徽安庆沿江湿地省级自然保护区	太湖、望江、枞阳	50332.0	湿地生态系统和珍稀水禽
5	安徽宿松华阳河湖群省级自然保护区	宿松	50496.0	湿地生态系统和珍稀水禽
6	安徽贵池十八索省级自然保护区	贵池区	3651.6	白头鹤、白鹤、黑鹳、白琵鹭、小天鹅、卷羽鹈鹕、白额雁、鸳鸯等
7	安徽颍上八里河省级自然保护区	颍上县	14600.0	湿地生态系统及鹤类、鹳类、雁鸭类等

（续表）

序号	名　称	位　置	面　积	保护对象
8	安徽霍邱东西湖省级自然保护区	霍邱县	14200.0	珍稀水禽及其湿地生态系统
9	安徽当涂石臼湖省级自然保护区	当涂县	10666.7	珍稀水禽及其湿地生态系统
10	安徽五河沱湖省级自然保护区	安徽省蚌埠市五河县	4180.2	湿地生态系统及其珍稀物种,包括珍稀濒危候鸟和珍贵淡水水产种质资源
11	安徽明光女山湖省级自然保护区	安徽省明光市	21000.0	珍稀水禽及其湿地生态系统
12	安徽颍州西湖省级自然保护区	阜阳市颍州区	11000.0	珍稀水禽及其湿地生态系统
13	安徽泗县沱河省级自然保护区	泗县	2463.0	湿地生态系统
14	安徽砀山黄河故道省级自然保护区	砀山	2180.0	湿地生态系统
15	安徽萧县黄河故道省级自然保护区	萧县	3200.0	湿地生态系统
16	安徽固镇县两河湿地市级自然保护区	固镇县	2000.0	珍稀水禽及其湿地生态系统
17	安徽怀远县四方湖市级自然保护区	蚌埠怀远县	10054.0	珍稀水禽及其湿地生态系统
	国家级、省级、市级自然保护区小计		283506.5	
18	安徽黟县清溪县级自然保护区	黟县	3000.0	金头闭壳龟等
19	安徽黄山区西溪湿地县级保护区	黄山区乌石乡	4710.0	湿地生态系统

（续表）

序号	名　称	位　置	面　积	保护对象
20	安徽徽州区鸳鸯湖县级自然保护区	徽州区西溪南镇	505.0	鸳鸯等水禽及其湿地生态系统
21	安徽芜湖县长港扬子鳄县级自然保护区	芜湖县红杨镇	21.3	扬子鳄及其栖息地
22	芜湖和平鹭鸟县级自然保护区	芜湖县和平乡	6870.0	湿地生态系统
23	芜湖陶辛水韵县级自然保护区	芜湖县陶辛镇	3270.0	湿地生态系统
县区级自然保护区小计			18376.3	
全省自然保护区总计			301882.8	

截至 2016 年底，已建湿地类型自然保护区和湿地公园总面积达 400466.25 公顷，占省国土面积的 2.86％。

以上国家级、省级湿地类型保护区和湿地公园都是依据标准，经过严格的论证、审查后按规定程序报批的，是国家生态保护体系的组成部分，在国家或省级层面具有较高的代表性，也是生物多样性集中分布的重要区域，无论是重要程度，还是生态功能都相对较高。因此，《条例》将国家级、省级湿地类型保护区和湿地公园划为省重要湿地，是十分必要的。

二、本条第二项规定国家和省重点保护野生动物物种的栖息地、繁殖地、越冬地或者迁徙停歇地，重点保护野生植物的原生地列为省重要湿地

安徽省的一些湿地区域由于多种原因，并未建立国家级、省级自然保护区或湿地公园，如一些市级自然保护区、县级自然保护区、保护小区或无任何保护方式的湿地等。但由于这些湿地为一些国家或省重点保护的野生动物提供重要的栖息地，或是一些重点保护野生植物的原生地，这些湿地区域也应划为安徽省重要湿地。如安徽省的一些河流水库湿地，既不是自然保护区也不是湿地公园，但据多年调查，这些湿地内分布着大量的国家重点保护或国际濒危的鸟类，如青头潜鸭、中华秋沙鸭、鸳鸯等，在有些河流湿地还发现迁徙停歇的国际濒危物种白鹤。这些物种的栖息地也应列为省重要湿地。

三、本条第三项规定其他典型的、独特的，具有重要生态功能的，或者具有重大科学文化价值的湿地列为省重要湿地

"典型性"是指该湿地在省内该类型湿地中具有显著优势，呈现出集中分布的特点，且能在生态功能上完整地体现该类型湿地所具有的自然属性。"独特性"是指省内仅存类型的湿地，在省内具有唯一性，如安徽省两淮区域的煤炭沉陷区湿地。"湿地的重要生态功能"是指湿地在抵御洪水、调节径流、补充地下水、改善气候、控制污染、美化环境和维护区域生态平衡等方面具有其他系统无可替代的作用。"重大科学文化价值"是指该湿地通过提供水源、食物、燃料、原料及调节气候，对维持当地社区居民的物质和文化生活具有历史和现实的重大影响，当地社区居民的科研、教育、旅游、放牧、供水、采集及渔业生产等传统生活和生产方式，与湿地维持正常功能紧密相关，并以可持续的方式进行；或者该湿地是中国或安徽省某一历史时

期社会文化或重大历史事件的重要见证处。

基于上述原因，除本条一、二项规定之外，安徽省还有一些湿地具有典型性、独特性和重要生态功能、重大科学文化价值。如寿县的安丰塘，是中国淮河流域著名的水利工程，为安徽省最早的水库，与后来的都江堰、漳河渠、郑国渠并称为中国"古代四大水利工程"，1988年国务院将其公布为全国重点文物保护单位。有些湿地虽然无重要物种分布，但却是重要的饮用水源地，如大别山区的部分水库湿地；此外，大别山区的山地沼泽湿地也具有较高的代表性。这些湿地列入省级重要湿地，对于维持湿地的多功能性、文化多样性和对于全面做好湿地保护工作具有十分重要的意义。

第十七条 省重要湿地的名录及其保护范围的划定与调整，由省人民政府林业行政主管部门会同有关部门提出方案，报省人民政府批准后公布。

一般湿地的名录及其保护范围的划定与调整，由所在地设区的市、县级人民政府林业行政主管部门会同有关部门提出方案，报本级人民政府批准后公布。

【释义】本条是关于重要湿地名录、一般湿地名录及其保护范围的划定与调整的有关规定。

一、本条第一款是关于省重要湿地名录及保护范围划定与调整的规定

省重要湿地名录及保护范围划定与调整。省级重要湿

59

地是湿地保护的重点，应该放在优先的地位。根据湿地重要程度和生态功能，将符合省重要湿地条件的湿地纳入名录管理，对于突出重点，规范重要湿地管理，提高管理水平，扩大影响具有重要意义。同时，由于湿地受水文条件影响，边界模糊，必须确定其保护范围。保护范围要根据保护对象的分布特征和湿地功能，明确四至界线，必要时要确定拐点坐标，纳入湿地保护规划。

对湿地划定，要考虑划定的权限，对国际重要湿地和国家重要湿地，国际上和国家已有明确规定，必须按照国际和国家有关规定进行；而对省重要湿地和一般湿地，则要规定不同级别的划定主体，有利于分级管理。由于省重要湿地采取相对严格的保护措施，涉及多方管理和利益，所以省重要湿地的划定与调整需征求省农业（渔业）、水利、环保、国土等相关部门的意见。本款规定省重要湿地由省林业行政主管部门会同有关部门提出方案，报省人民政府批准。省人民政府批准后，要及时公布重要湿地划定方案，这是政务信息公开的一项内容，是公众参与的一个方面，通过公开吸纳公众意见，接受公共监督，更好地管理湿地。对一般湿地划定，则按本条第二款进行。

二、本条第二款是关于一般湿地名录及保护范围划定与调整的规定

一般湿地由于其保护价值较省重要湿地低，所以《条例》规定一般湿地名录和保护范围的划定与调整，由设区的市、县级林业行政主管部门会同农业、水利、环保、国土等部门提出方案，确定一般湿地名录及保护范围，报同

级人民政府批准后公布。因此，设区的市、县级林业行政
主管部门要开展湿地资源调查与监测，确定保护范围，为
湿地分级划定提供科学依据。

第十八条 县级以上人民政府林业行政主管部门
提出划定或者调整湿地保护名录方案时，应当与相关
权利人协商，征求所在地村民委员会、居民委员会
意见。

因保护湿地给湿地所有者或者经营者合法权益造
成损失的，应当依法给予补偿。

【释义】本条是关于湿地保护名录的划定与调整，应征求
相关利益方意见以及关于湿地补偿的有关规定。

一、本条第一款是关于划定或者调整湿地保护名录方案
时，应征求相关利益方意见的规定

由于湿地是多要素组成的综合体，林业行政主管部门
划定与调整湿地保护名录不仅要与各级人民政府相关主管
部门进行协商，还要与湿地相关权利人、所在地村民委员
会、居民委员会进行协商沟通。湿地保护工作，要正确处
理好与湿地权利人的关系，不能侵犯湿地权利人的合法权
益。划定与调整湿地保护名录，要征求相关权利人和湿地
周边村民委员会和居民委员会的意见，这样才能及时发现
问题、解决问题，更有效地保护和管理好湿地。

二、本条第二款是关于湿地补偿的有关规定

湿地所有者或者经营者依法使用湿地，从湿地中取得的收益受法律保护，我国相关法律法规对此已做了明确规定。但政府对湿地保护时需要对生产经营活动作出一定限制，这样有可能使权益人的利益受到一定程度的损害，因此，政府应当依法予以补偿。补偿不同于赔偿，是政府在依法行政的前提下，对因其具体行政行为给予受损失者一定的利益填补。《条例》对补偿的办法未做进一步明确，目前大多按相关法规和政策规定执行。

《条例》第一章第四条提出要建立生态补偿机制，这一规定提出了今后湿地保护与合理利用的新模式，将有效解决湿地保护与相关权益人的利益关系，是促进湿地可持续利用的有效途径。目前，国家有关政策、法律已提出建立生态补偿机制，并开展了一些试点工作，国家林业局已率先在国际重要湿地和国家级湿地保护区进行试点探索。如安徽省升金湖国家级自然保护区实施了2014年至2016年湿地生态效益补偿试点项目，项目总投资为6500万元。主要是开展因越冬候鸟造成农作物损失的补偿、生态修复和社区环境整治等工作。

第十九条 县级以上人民政府林业行政主管部门应当在列入名录的湿地周边设立保护标志，标明湿地的名称、类型、保护级别、保护范围、管理单位及其联系方式。

任何单位和个人不得损毁、涂改、擅自移动湿地保护标志。

【释义】本条是关于对列入名录的湿地周边设立湿地保护标志及相关要求的规定。

一、本条第一款是关于在列入名录的湿地周边设立保护标志的规定

《中华人民共和国自然保护区条例》第十四条规定，自然保护区的范围和界线由批准建立自然保护区的人民政府确定，并标明区界，予以公告。国家林业局《国家湿地公园管理办法（试行）》第十一条规定，国家湿地公园应当按照总体规划确定的范围进行标桩定界，任何单位和个人不得擅自改变和挪动界标。国家对自然保护区和湿地公园设立保护标志均有明确规定。保护标志有多种类型，如标明界线的界碑、界桩，标明湿地基本情况的公示标志，还有警示标志、宣传标志等。

对列入安徽省重要湿地和一般湿地名录的湿地，特别是一些自然保护区、湿地公园和湿地保护小区，通过设立界桩、界碑、湿地宣传牌等设施来明确湿地的名称、类型、保护级别、保护范围，管理机构的名称和联系方式等信息和内容。这些直观信息的作用有：一是确定湿地的保护地位，增强保护责任；二是通过信息的传递，使公众了解湿地状况；三是对周边社区群众起到很好的宣传教育的作用，提升公众湿地保护的意识，促进公众参与湿地保护管理工作的积极性。

二、本条第二款是关于湿地标志保护的规定

《中华人民共和国自然保护区条例》第十五条明确规定："自然保护区的撤销及其性质、范围、界线的调整或者改变，应当经原批准建立自然保护区的人民政府批准。任何单位和个人，不得擅自移动自然保护区的界标。"国家林业局《国家湿地公园管理办法（试行）》第十一条和《安徽省湿地公园管理办法（试行）》第十条也作出了明确规定。这些标志是在特定位置和范围内建立的，是湿地保护管理的一项基础工作，不能随意改动和毁坏，除非保护区撤销或调整等原因。本条例第三十五条对于擅自毁坏、涂改、移动湿地保护标志的单位和个人所负的法律责任有明确规定。

第二十条 具备《中华人民共和国自然保护区条例》规定条件的湿地，应当依法建立自然保护区。

不具备建立自然保护区条件，但生态景观优美、生物多样性丰富、人文景观集中、科普宣传教育意义明显的湿地，可以建立湿地公园、湿地保护小区或者湿地多用途管理区。

湿地公园、湿地保护小区和湿地多用途管理区的建立和管理，按照国家和省规定执行。

【释义】本条是关于建立自然保护区、湿地公园、湿地保护小区或湿地多用途管理区等不同保护方式的规定。

一、本条第一款是关于建立湿地类型自然保护区的规定

自然保护区是保护自然生态系统最有效的方法之一，建立湿地类型自然保护区是保护湿地的重要方式。《中华人民共和国自然保护区条例》第十条规定，凡具有下列条件之一的，应当建立自然保护区：

（一）典型的自然地理区域、有代表性的自然生态系统区域以及已经遭受破坏但经保护能够恢复的同类自然生态系统区域；

（二）珍稀、濒危野生动植物物种的天然集中分布区域；

（三）具有特殊保护价值的海域、海岸、岛屿、湿地、内陆水域、森林、草原和荒漠；

（四）具有重大科学文化价值的地质构造、著名溶洞、化石分布区、冰川、火山、温泉等自然遗迹；

（五）经国务院或者省、自治区、直辖市人民政府批准，需要予以特殊保护的其他自然区域。

《中华人民共和国自然保护区条例》第十一条规定："自然保护区分为国家级自然保护区和地方级自然保护区。在国内外有典型意义、在科学上有重大国际影响或者有特殊科学研究价值的自然保护区，列为国家级自然保护区。"

符合上述条件的湿地，应当建立湿地类型自然保护区，这是从湿地保护的价值考虑，通过建立湿地类型自然保护区，采取更有效的保护方法和管理措施，提高湿地保护效果。

自然保护区分为国家级自然保护区和地方级自然保护区，根据《中华人民共和国自然保护区条例》第十二条规定："国家级自然保护区的建立，由自然保护区所在的省、自治区、直辖市人民政府或者国务院有关自然保护区行政主管部门提出申请，经国家级自然保护区评审委员会评审后，由国务院环境保护行政主管部门进行协调并提出审批建议，报国务院批准。地方级自然保护区的建立，由自然保护区所在的县、自治县、市、自治州人民政府或者省、自治区、直辖市人民政府有关自然保护区行政主管部门提出申请，经地方级自然保护区评审委员会评审后，由省、自治区、直辖市人民政府环境保护行政主管部门进行协调并提出审批建议，报省、自治区、直辖市人民政府批准，并报国务院环境保护行政主管部门和国务院有关自然保护区行政主管部门备案。"

二、本条第二款是关于建立湿地公园等不同保护方式的规定

本款对不符合建立湿地自然保护区的，但符合一定条件的湿地，可以建立湿地公园、湿地保护小区或者湿地多用途管理区，它们与湿地自然保护区共同构成了我国湿地保护体系。

（一）湿地公园。关于湿地公园的定义在本条例第十六条释义中已经作过解释。湿地公园包括国家湿地公园、省级湿地公园、市县级湿地公园。

国家林业局《湿地保护管理规定》第二十一条规定，建立国家湿地公园，应当具备下列条件：

1. 湿地生态系统在全国或者区域范围内具有典型性，或者区域地位重要，或者湿地主体生态功能具有典型示范性，或者湿地生物多样性丰富，或者生物物种独特；

2. 具有重要或者特殊科学研究、宣传教育和文化价值。

《安徽省湿地公园管理办法（试行）》第六条规定，申请设立省级湿地公园应当具备下列条件：

1. 具有显著或特殊生态、文化、美学和生物多样性价值的湿地景观，在本省行政区域内具有一定的代表性；

2. 规划面积达 80 公顷以上，湿地率不低于 55%，能够保护湿地生态系统的完整性和周围风貌；

3. 规划区域内的湿地资源权属清楚，无争议；

4. 湿地公园边界四至不得与自然保护区、森林公园等区域重叠或者交叉；

5. 管理机构明确，具备相应的技术和管理人员。

符合上述条件的，可分别按有关程序申请建立国家、省级湿地公园，截至 2016 年，安徽省已建立市级以上湿地公园 46 处。这些湿地公园在湿地保护中发挥着重要作用，是协调湿地保护与可持续利用的重要举措。

《条例》对建立市、县级湿地公园未作明确要求，但各地可以根据自身条件，由设区的市、县级林业主管部门批准建立，逐步形成一个包含国家、省级、市县级在内的多层次湿地公园保护体系。

（二）湿地保护小区。一般面积较小且零散分布，无法建立自然保护区和湿地公园，但具有明确的保护对象，对这类湿地，应通过建立保护小区的方式加以保护。湿地保护小区是我国湿地保护体系的一个补充。而且，保护小区的保护管理方式灵活多样，适应自然保护事业要求，应该引导全省各地多建立湿地保护小区。

（三）湿地多用途管理区。安徽省的一些湿地具有多种用途，并支撑着湿地生态功能的稳定，如物种保护、渔业生产、休闲观光、农业生产、水质保护等，对这类湿地，为了维持它的多用途功能，维护湿地生态系统健康，可建立湿地多用途管理区。

三、本条第三款是关于湿地公园、湿地保护小区和湿地多用途管理区建立和管理的有关规定

建立国家、省级湿地公园，国家和省政府相关部门均有明确规定。建立国家湿地公园，根据国家林业局《湿地保护管理规定》第二十三条规定申报。建立省级湿地公园，根据《安徽省湿地公园管理办法》第八、十、十一条规定申报。市、县（市、区）级湿地公园由所在地市、县级人民政府林业行政主管部门参照《安徽省湿地公园管理办法》批准设立，并报省林业行政主管部门备案。

设立湿地保护小区，由所在市、县林业行政主管部门提出方案，报同级人民政府审批后发布，并报省林业厅和省环保厅备案。

第二十一条 在重要湿地保护范围内禁止下列行为：

（一）擅自开垦、围垦、填埋等改变湿地用途或者占用湿地；

（二）擅自建造建筑物、构筑物；

（三）擅自采砂、取土、放牧、烧荒；

（四）擅自排放湿地水资源或者修建阻水、排水设施；

（五）排放或者倾倒有毒有害物质、废弃物，或者排放未达标的废水；

（六）破坏野生动物繁殖区和栖息地、鱼类洄游通道；

（七）毒杀、电杀或者擅自猎捕水鸟及其他野生动物，捡拾、收售动物卵，或者采用灭绝性方式捕捞鱼类及其他水生生物；

（八）擅自采挖重点保护野生植物；

（九）未经许可引进外来物种；

（十）法律、法规禁止的其他行为。

【释义】本条是对关于禁止破坏湿地资源行为的规定。

本条规定适用于重要湿地，其所列举的 10 项行为，对湿地危害最大，在重点湿地禁止这 10 项行为，对于维护重点湿地生态功能十分重要。

本条第一项是关于禁止侵占湿地，改变湿地用途的规定。长期以来，人们对湿地认识不足，甚至把湿地当成"荒地"，随意侵占，表现在擅自开垦、围垦、填埋等改变湿地用途或者占用湿地。这一规定在相关法律法规和部门规章中均有体现。《中华人民共和国水法》第四十条规定："禁止围湖造地。已经围垦的，应当按照国家规定的防洪标准有计划地退地还湖。"此外，《中华人民共和国渔业法》、国家林业局《湿地保护管理规定》中均有明确规定。

本条第二项是关于禁止擅自建造建筑、构筑物的规定。擅自建造建筑物、构筑物，会造成湿地面积缩小，功能严重退化，甚至影响防洪，因此，必须严加禁止。《中华人民共和国防洪法》第二十二条规定："禁止在河道、湖泊管理范围内建设妨碍行洪的建筑物、构筑物，倾倒垃圾、渣土，从事影响河势稳定、危害河岸堤防安全和其他妨碍河道行洪的活动。"

本条第三项是关于禁止破坏湿地生境的规定。在湿地内采砂、取土、放牧、烧荒改变了湿地生境和原貌，影响了湿地生态系统的结构和功能，会对野生动植物栖息地产生不良影响。《中华人民共和国自然保护区管理条例》第二十六规定："禁止在自然保护区内进行砍伐、放牧、狩猎、捕捞、采药、开垦、烧荒、开矿、采石、挖沙等活动。但是，法律、行政法规另有规定的除外。"《中华人民共和国河道管理条例》第二十五条、《国家湿地公园管理办法（试行）》第十八条也有类似规定。

本条第四项是关于禁止破坏水文过程的规定。水是湿地生态系统中的重要因素，擅自排放湿地水资源或者修建阻水、排水设施，会影响湿地水文情势的变化，主要表现在水位的变化，从而影响湿地水环境改变，进而造成湿地植物群落、动物群落的变化。《中华人民共和国河道管理条例》第二十四条规定："在河道管理范围内，禁止修建围堤、阻水渠道、阻水道路。"《中华人民共和国水法》第二十八条规定："任何单位和个人引水、截（蓄）水、排水，不得损害公共利益和他人的合法权益。"

本条第五项是关于禁止污染湿地的规定。排放或者倾倒有毒有害物质、废弃物，或者排放未达标的废水，直接污染水体，会对湿地生态系统造成严重危害，这种危害往往是累积性的，必须严格禁止。《中华人民共和国固体废物污染环境防治法》第十七条规定："禁止任何单位或者个人向江河、湖泊、运河、渠道、水库及其最高水位线以下的滩地和岸坡等法律、法规规定禁止倾倒、堆放废弃物的地点倾倒、堆放固体废物。"《中华人民共和国水污染防治法》第二十九条至第三十四条对排放有毒有害物质也有明确规定。

本条第六项是关于禁止破坏野生动物及其栖息环境及鱼类洄游通道的规定。栖息地的保护是野生动物保护工作不可或缺的组成部分。栖息地受到干扰、破坏、退化和缩减，会造成湿地内野生动物资源下降。鱼类洄游对于鱼类繁衍生息具有重要意义，但由于一些地区围栏围网以及闸坝工程建设导致鱼类洄游行为的紊乱，甚至造成物种的减少或灭绝，因此，对于鱼类洄游通道加以保护是鱼类资源保护不可缺少的工作。《中华人民共和国野生动物保护法》第二十条也有相关规定："在相关自然保护区域和禁猎（渔）区、禁猎（渔）期内，禁止猎捕以及其他妨碍野生动物生息繁衍的活动，但法律法规另有规定的除外。"

本条第七项是关于禁止非法猎捕水鸟等野生动物以及采用灭绝性方式捕捞鱼类及其他水生生物的规定。野生动植物是湿地生态系统的重要组成部分，不少野生动植物是国际濒危、易危或国家、省重点保护的物种，是湿地保护的重要对象，也是我们人类的宝贵财富，必须严格保护。《中华人民共和国野生动物保护法》第二十一条规定："禁止猎捕、杀害国家重点保护野生动物。"第二十二条规定："猎捕非国家重点保护野生动物的，应当依法取得县级以上地方人民政府野生动物保护主管部门核发的狩猎证，并且服从猎捕量限额管理。"《中华人民共和国渔业法》第三十条规定："禁止使用炸鱼、毒鱼、电鱼等破坏渔业资源的方法进行捕捞。禁止制造、销售、使用禁用的渔具。禁止在禁渔区、禁渔期进行捕捞。禁止使用小于最小网目尺寸的网具进行捕捞。"

本条第八项是关于禁止擅自采挖重点保护野生植物的规定。《中华人民共和国野生植物保护条例》第十六条和第十八条规定："禁止采集、出售、收购国家一级保护野生植物，采集、出售、收购国家二级保护野生植物，必须经过有关行政主管部门批准。在重要湿地范围内未经批准擅自采挖重点保护的野生植物既会对湿地的生物多样性资源造成破坏，也是违法行为，必须予以禁止。"

本条第九项是关于引进外来物种的规定。外来物种或称非本地种、非土著种，包括自然入侵的物种、无意引进的物种、有意引进的物种以及基因工程获得的物种或变种和人工培育的杂种。世界自然保护联盟将外来物种定义为：指那些出现在其过去或现在的自然分布范围及扩散潜力以外的物种、亚种或以下分类单元，包括所有可能存活，继而繁殖的部分、配子或繁殖体。在自然分布范围之外，在没有直接或间接引入或人类扶助之下，这些物种不可能存活。外来物种对我国的生态安全构成极大威胁，一是造成农林产品、产值和品质的下降，增加成本；二是对生物多样性造成影响，特别是侵占本地物种的生存空间，造成本地物种死亡和濒危；三是对人畜健康和贸易造成影响。仅以林业有害生物入侵为例，"十一五"期间我国年均发生有害生物入侵面积 1.7 亿亩，造成直接经济损失和生态服务价值损失达 1100 亿人民币，其中危害最为严重的是松材线虫、美国白蛾等造成的林业损失，年均高达 110 亿人民币。

据了解，目前安徽省约有 64 种外来植物和 30 种外来动物，其中水花生、一枝黄花、美洲鳄龟、北美水车前等都带有入侵性，给生态带来破坏。加拿大"一枝黄花"，原产北美，最早于 1935 年作为观赏植物引进，20 世纪 80 年代扩散蔓延，安徽最早发现"一枝黄花"是在 20 多年前。"一枝黄花"争肥、争水、争空间和争日照的能力特别强，在生长过程中，对周围的其他生物危害特别大，甚至会造成其他植物的死亡。同时，"一枝黄花"的花粉对人类健康也会产生威胁，极容易导致部分人产生花粉过敏，还可能引起呼吸道的感染。如果农田出现"一枝黄花"，会严重影响棉花、玉米、大豆等旱地农作物的产量。巴西龟也是外来物种，一些市民买来巴西龟放生，认为放生它们是做善事，殊不知这却是变相的"杀生"。巴西龟又名红耳龟，生性凶猛，且繁殖能力极强，已被世界自然保护联盟列为世界上最危险的 100 个入侵物种之一，一旦流入江河，会大量捕杀鱼、贝及蛙类的卵，蝌蚪甚至其他本地龟类，将对其他生物的生存造成恶劣的影响。水葫芦引自南美，无性繁殖能力极强，把它植入河水中，很可能堵塞河道，影响航运、排灌和水产品养殖，同时，还会破坏水生生态系统，威胁本地生物多样性。

目前，我国与生物入侵有关的法律法规有《中华人民共和国植物检疫条例》《中华人民共和国进出境动植物检疫法》等十多部法律法规，但是目前我国应对外来入侵生物的管理和防治工作还面临着一系列问题和障碍。首先，外来生物防范工作尚没有明确的法律依据。现存的相关法规条例，更多的是强调环境保护问题，而忽视了生态安全问题。一些已经对我国农业生产造成严重危害的外来生物尚没有列入危险性检疫名录。其次，缺乏统一、高效的动植物引种管理机制。进出境对外检疫与国内检疫分立，国内检疫由多部门分别管理，条块分割明显，难以发挥管理优势。第三，投入不足，技术方法和手段落后，缺乏必要的系统研究和早期预警监测体系，国内专职检疫和防治人员缺少培训，整体素质有待提高。另外，全社会对外来生物入侵管理与控制的意识还不强。由此可见，不仅需要进一步完善相关法律、法规，建立多部门合作、协调机制和预警体系，而且要加强宣传教育，提高全民的生物安全、生态保护意识对于防止外来生物入侵也有着十分重要的意义。

为加强外来物种管理，《中华人民共和国野生动物保护法》第十二条规定："禁止或者限制在相关自然保护区域内引入外来物种。"《中华人民共和国环境保护法》第三十条规定："引进外来物种以及研究、开发和利用生物技术，应当采取措施，防止对生物多样性的破坏。"国家林业局《引进陆生野生动物外来物种种类及数量审批管理办法》规定：
"引进陆生野生动物外来物种的，应当采取安全可靠的防范
措施，防止其逃逸、扩散，避免对自然生态造成危害。"

本条第十项是关于其他相关法律法规禁止行为的规定。
除了上述 9 项外，其他相关法律法规规定一些禁止行为，
而本条未列入，如《中华人民共和国野生动物保护法》第
二十七条规定："禁止出售、购买、利用国家重点保护野生
动物及其制品。"《中华人民共和国渔业法》第三十一条规
定："禁止捕捞有重要经济价值的水生动物苗种。"

第二十二条　县级以上人民政府应当按照湿地保
护规划，坚持以自然恢复为主、自然恢复与人工修复
相结合，采取退耕还湿、轮牧禁牧限牧、移民搬迁、
平圩、植被恢复、构建湿地生态驳岸等措施，重建或
者修复已退化的湿地生态系统，恢复湿地生态功能，
扩大湿地面积。

县级以上人民政府应当在河流交汇处、入湖口、
重点污染防治河段等区域，建设必要的人工湿地。

采矿塌陷区所在地县级以上人民政府应当综合治
理塌陷区水面、洼地，有条件的地方可以利用塌陷区
的积水区域建立湿地公园、湿地保护小区等。

【释义】本条是对关于重建或修复湿地、建设人工湿地、
利用采矿塌陷区的积水区域建立湿地公园、湿地保护小区的有
关规定。

一、本条第一款是关于重建或修复已退化湿地的有关规定

湿地恢复是指通过生态技术或生态工程对退化或消失的湿地进行修复或重建，再现干扰前的结构和功能，以及相关的物理、化学和生物学特性，使其发挥应有的作用。

（一）根据湿地保护规划开展湿地修复。湿地保护规划是在湿地资源调查的基础上，由林业行政主管部门会同其他相关部门共同编制的，是一个地区湿地保护与合理利用的指南。规划明确了湿地修复的重点、布局，因此，湿地修复工作要按照湿地保护规划的有关内容和要求进行。

（二）坚持以自然恢复为主、自然恢复与人工修复相结合。湿地恢复包括自然恢复和人工修复。自然恢复是通过去除导致湿地退化的人为干扰因子，通过自然过程恢复湿地功能和价值，并促使其通过生境演替而自然恢复。自然恢复强调尽量减少工程措施的直接干预，而主要采取一些生境管理措施，如通过禁牧恢复湿地植被和水质，通过控制生态敏感区的人类活动来减轻生境破碎化，以及通过水位管理和涵闸生态调度恢复湿地水文特征等。当已退化的湿地仍然保持着湿地基本特征，而且导致湿地退化的因素能够消除时，自然恢复是最佳方式。人工修复主要是人类直接控制湿地恢复的过程，以恢复、新建或改进湿地生态系统。当一个湿地严重退化，或者只有通过湿地建造和最大程度地改进才能完成预定的目标时，人工修复是最佳的方式。由此可知，坚持自然恢复为主，自然恢复与人工修复相结合是湿地恢复的最佳方式。

（三）湿地恢复的主要措施。开展湿地恢复必须分析造成湿地退化的原因，从安徽省来看，造成湿地退化的原因主要是湿地围垦、过度养殖、建设项目侵占湿地等。湿地恢复就是要消除这些湿地退化因素，本条提到的退耕还湿、轮牧禁牧限牧、移民搬迁、平圩等措施就是促进退化湿地恢复的重要措施，而且这些措施注重于消除退化因子，是自然恢复的重要措施。

有些湿地退化严重，除了消除退化因子外，必须采取人工促进恢复的措施，本条提到的植被恢复，建立生态驳岸就是重要的方法。植被是湿地的特征之一，湿地退化的主要表现之一就是植被减少或消失。由于各湿地类型有不同的植被特征，根据《湿地植被修复技术规程（DB34/T 2831—2017)》要求，湿地植被恢复在物种选择时应遵循生态适应性原则、抗逆性原则、可利用性原则、慎用外来物种原则和保护原有植被原则。湿地植被恢复的途径包括自然恢复、人工恢复、挂网绿化和植生袋绿化及垂直绿化。

生态驳岸与传统的砌体驳岸不同，是指借鉴自然河堤的原理，人工修造可以保证湿地水体与自然环境之间具有多种自然生态交换，且能营造湿地生物多样性生境，并且有一定防洪和抗冲刷能力的保水固土的水岸设施。安徽省一些市县就是通过建立生态驳岸的方式开展湿地修复，以达到美化湿地景观的功效。如安庆沿江湿地省级自然保护区利用湿地补助项目在菜子湖湿地开展生态护坡和湿地防护林带建设，共投入资金 200 万元。其主要通过对菜子湖水鸟集中分布区域的巡护道路进行路面硬化和坡岸治理，以及种植 10 公顷左右的防护林，起到增强湿地防护效果，同时也改善了菜子湖周边植被单一状况，提高了景观多样性。

湿地恢复因为对规划、技术、工程、人力、物力等方面的要求较高，所以通常成本较高。近几年，安徽省的部分湿地类型自然保护区和湿地公园通过实施中央、省财政的湿地恢复和补助项目，开展湿地生态恢复工作。

二、本条第二款是关于建设人工湿地的规定

人工湿地是指由人为因素形成的湿地，如水库、池塘、运河、水田等。建造人工湿地常用于污水处理，即由人工建造和控制运行的与沼泽地类似的地面，将污水、污泥有控制地投配到经人工建造的湿地上，污水与污泥在沿一定方向流动的过程中，主要利用土壤、人工介质、植物、微生物的物理、化学、生物三重协同作用，对污水、污泥进行处理的一种技术。其作用机理包括吸附、滞留、过滤、氧化还原、沉淀、微生物分解、转化、植物遮蔽、残留物积累、蒸腾水分和养分吸收及各类动物的作用。此外，建设人工湿地还用于扩大湿地面积、景观改造、提供水源等。

在河流交汇处、入湖口、重点污染防治河段等区域，建设必要的人工湿地是因为这些区域是湿地污染敏感度较高的区域，而人工湿地污水处理系统是一种较好的废水处理方式，特别是它充分发挥了资源的生产潜力，防止了环境的再污染，获得了污水处理与资源化的最佳效益，因此具有较高的环境效益、经济效益及社会效益。这些区域通过建设人工湿地，可以净化水体和空气，对于湿地生态系统的保护起到事半功倍的效果。

三、本条第三款是关于采矿塌陷区湿地的有关规定

采矿塌陷区主要是指煤矿采煤之后留下的下陷区域，是一种新兴的湿地演替过程。塌陷区湿地对于增加湿地面积、开展湿地科研监测具有重要意义。采矿塌陷区内储存大量的水资源，不同于湖泊、河流湿地类型。安徽省大型湖泊和水库主要集中在长江沿岸，而淮北平原没有较大的湖泊和水库，水资源较为匮乏，雨量极不调和，水旱灾害频繁。塌陷区湿地的形成和逐年增加使淮北平原原本匮乏的湿地资源得以缓解。干旱季节，可利用塌陷区的水进行引灌；雨季，塌陷区可吞纳一定的雨水，起到蓄洪作用。

对于一些湿地面积较大，且具有一定生物多样性保护价值的塌陷区湿地，建立了湿地公园或湿地保护小区，维持了湿地生态功能，保护了塌陷区生态环境。安徽省的颍上迪沟、涡阳道源国家湿地公园就是以采煤塌陷形成的湿地为主体的国家湿地公园。

第二十三条　恢复或者建设湿地，应当符合国家和本省湿地保护的标准和技术规范，建设生态保护带、隔离带，加强水土保持、水源涵养。防洪、抗旱、水系治理等涉及湿地的工程应当兼顾湿地生态功能，最大限度地减少采用影响湿地生态功能的工程措施。

恢复或者建设湿地，应当种植适宜当地生长的湿

地植物，根据野生动物活动特点和规律，建设野生动物繁殖、栖息环境。

【释义】本条是关于湿地恢复或者建设湿地技术规范的规定。

一、本条第一款是关于恢复或者建设湿地一些主要技术要求的规定

根据湿地的构成和生态系统特征，湿地的生态恢复技术可概括为以下三个部分：一是湿地生境恢复技术。湿地生境恢复的目标是通过采取各类技术措施，提高生境的异质性和稳定性。湿地生境恢复包括湿地基底恢复、湿地水状况恢复和湿地土壤恢复等。湿地的基底恢复是通过采取工程措施，维护基底的稳定性，稳定湿地面积，并对湿地的地形、地貌进行改造。二是湿地生物恢复（修复）技术。主要包括物种选育和培植技术、物种引入技术、物种保护技术、种群动态调控技术、种群行为控制技术、群落结构优化配置与组建技术、群落演替控制与恢复技术等。三是生态系统结构与功能恢复技术。主要包括生态系统总体设计技术、生态系统构建与集成技术等。因此，湿地恢复或建设湿地技术要求高，必须符合国家和安徽省湿地保护与恢复的标准和技术规范。目前，相关的技术规范有《自然保护区工程项目建设标准（试行）》（林计发〔2002〕242号）、《国家湿地公园建设规范（LY/T 1755—2008）》《河湖生态保护与修复规划导则（SL 709—2015）》《造林技术规程（GB/T 15776—2016）》《水土保持综合治理技术规范

（GB/T 16453.1—2008）》《水源涵养林建设规范（GB/T 26903—2011）》《湿地植被修复技术规程（DB34/T 2831—2017）》，这些技术规范可作为湿地恢复的参考依据。

本款提到的建设生态保护带、隔离带、加强水土保持、水源涵养属于湿地生境恢复技术和湿地生物恢复（修复）技术。在湿地恢复的技术经济指标中，则属于湿地土地整理、栖息地生境改造、湿地生态水位管理的范畴。

本款同时要求水利项目建设要兼顾湿地生态保护，水利部门在建设防洪、防旱、水系治理等项目或多或少会对湿地生态环境造成影响，特别是涵闸、航道等工程对湿地生态系统影响较大。因此，国家、省重点建设的水利项目，要求做环境影响评价报告，若对湿地生态造成影响，应当采取生态的工程措施，将影响降到最低。相关法律法规如《中华人民共和国渔业法》《中华人民共和国野生动物保护法》《中华人民共和国防洪法》中有明确规定，如建立鱼类洄游通道、野生动物通道、水位控制、避开生态敏感区等。

二、本条第二款是关于恢复野生动植物栖息环境的规定

植被是湿地生态系统的重要组成部分，是湿地初级生产力。湿地植物为湿地野生动物如鸟类、鱼类提供重要的栖息地和食物。野生动物具有较强的移动性，对于湿地内野生动物种群特别是鸟类的恢复，主要是通过修复野生动物觅食、栖息和繁殖所需生境，从而达到修复目的。因此，恢复或建设湿地，应当种植适宜的湿地植物，以满足野生动物对栖息生境和食物的要求。

第二十四条　县级以上人民政府林业行政主管部门应当在本级人民政府的组织下会同有关部门，建立湿地生态补水协调机制，保障湿地生态用水需求。

【释义】本条是关于湿地生态用水的规定。

为有效保护湿地水资源，更好地发挥湿地的生态效益，本条规定县级以上人民政府林业行政主管部门应当在本级人民政府的组织下会同有关部门建立生态补水的协调机制，把自然湿地生态用水作为重要内容，纳入各级政府的湿地保护、水资源保护等相关规划之中，保障生态用水指标，保障补水经费。在有关法律法规的制定或修改中，明确自然湿地生态用水的地位。《中华人民共和国水法》第四条规定："开发、利用、节约、保护水资源和防治水害，应当全面规划、统筹兼顾、标本兼治、综合利用、讲求效益，发挥水资源的多种功能，协调好生活、生产经营和生态环境用水。"第四十四条规定："水中长期供求规划应当依据水的供求现状、国民经济和社会发展规划、流域规划、区域规划，按照水资源供需协调、综合平衡、保护生态、厉行节约、合理开源的原则制定。"《中华人民共和国渔业法》第三十三条规定："用于渔业并兼有调蓄、灌溉等功能的水体，有关主管部门应当确定渔业生产所需的最低水位线。"

因此，林业行政主管部门要根据湿地生态用水情况，加强调查与监测，加强与水利、农业（渔业）等部门联系与沟通，互通情况，协商研究解决有关重大问题。从安徽省实际情况来看，林业行政主管部门要与水利等部门协调湿地水位调控机制，统筹协调生活、生产和生态环境用水，统筹考虑防洪、排涝、灌溉、发电、供水及水产和其他野生的植物资源的用水需要，充分发挥湿地的综合效益。

第二十五条 县级以上人民政府农业（渔业）行政主管部门应当采取措施，加强农业面源污染防治，合理控制养殖规模、品种，减少围网养殖，保护湿地生态环境。

【释义】本条是关于农业（渔业）行政主管部门为保护湿地生态环境所采取的措施的规定。

农业面源污染是指在农业生产过程产生的、未经合理处置的污染物，在降水或灌溉过程中，通过农田地表径流、土壤中流、农田排水和地下渗漏，进入湿地生态系统而形成的污染。与点源污染相比，面源污染的时空范围更广，不确定性更大，成分、过程更复杂，更难以控制。当前，在湿地周边的农业生产过程中，非科学的经营理念和落后的生产方式是造成农业环境面源污染的重要因素，如剧毒农药的使用、过量化肥的施洒、大型养殖场禽畜粪便未做无害化处理和随意堆放等。这些污染源对湿地水环境的污染影响最大。据统计，农业面源污染占河流和湖泊富营养问题的 60％～80％。加强湿地周边的农业面源性污染防治，一是控制污染扩散源，即控制面源污染的发生和面源污染物的排放总量；二是减少污染物向受纳的湿地水体的运移，即控制污染物扩散途径。

　　渔业养殖一直是湿地资源利用的主要形式，不合理的养殖模式也是造成湿地过度利用的最大威胁，安徽省的部分湖泊目前存在围网养殖和养殖密度过大的问题，造成湿地退化，并使湿地呈现破碎化状态，围网对水鸟，尤其是越冬水鸟栖息地造成不利影响，使得水鸟的栖息地丧失严重。

　　《中华人民共和国环境保护法》第三十三条规定："各级人民政府应当加强对农业环境的保护，促进农业环境保护新技术的使用，加强对农业污染源的监测预警，统筹有关部门采取措施，防治土壤污染和土地沙化、盐渍化、贫瘠化、石漠化、地面沉降以及防治植被破坏、水土流失、水体富营养化、水源枯竭、种源灭绝等生态失调现象，推广植物病虫害的综合防治。"《中华人民共和国渔业法》第二十条规定："从事养殖生产应当保护水域生态环境，科学确定养殖密度，合理投饵、施肥、使用药物，不得造成水域的环境污染。农业（渔业）部门是农业、渔业生产的主管部门，要根据国家相关法律法规的规定，做好科学养殖的监督管理工作。加强宣传教育，倡导生态渔业养殖模式，优化和调整渔业养殖结构，逐步拆除围网，合理投放鱼苗和蟹苗量，提升养殖的品质。通过采取生物、物理措施调控水质，使渔业湿地水域生态环境质量不断提高和得到有效保护。"

　　第二十六条　向重要湿地施放防疫药物的，防疫机构应当与湿地管理单位共同制定防疫方案。防疫机构按照方案组织实施，避免或者降低对湿地生态功能的影响。林业行政主管部门应当加强对施放药物的监督。

【释义】本条是关于向重要湿地施放防疫药物的规定。

安徽省长江流域的部分湿地属血吸虫疫区，为消灭钉螺和预防疫情，近几年来采取血吸虫综合防治方法，取得明显成效，但有时仍需向湿地施放防疫药物。目前常用灭蚴的药物主要有氯硝柳胺、五氯酚钠。同时湿地周边禽畜养殖也很多，禽畜防疫也需使用防疫药物，然而这些药物的使用也给人、畜、湿地生物以及环境带来不可忽视的负面影响。如大量使用五氯酚钠会破坏水产资源，导致大量鱼类死亡，目前已经发现的致畸作用的环境化学污染物中也包括五氯酚钠，它通过妊娠中的母体干扰正常胚胎发育过程，使胚胎发育异常而出现先天性畸形。

《安徽省血吸虫病防治条例》第二十四条规定："为控制疫情，需采用药物方法灭杀钉螺、血吸虫尾蚴，由县级以上人民政府做出决定并负责组织实施。为避免湿地投放防疫药物对人和湿地环境造成破坏，防疫主管部门作为政府职能部门，应当在施放药物前，与湿地管理部门沟通制定详细的防疫方案，并负责组织实施。防疫方案要综合卫生防疫要求和湿地保护需要，包括投放地点和时间、投放药物种类和投放量、投放方式、影响范围、监管措施等。既要防止重大疫情在湿地的爆发，又要将防疫药物对湿地环境的负面影响降低到最低。林业行政主管部门在药物投放期间和投放后，依照方案，加强监督，防止投药不当造成湿地生境破坏。"

第四章 利 用

第二十七条 县级以上人民政府应当采取措施，引导、扶持湿地周边区域居民科学利用湿地资源，发展生态产业。

【释义】本条是关于湿地周边区域居民科学利用湿地资源的规定。

一、湿地周边区域湿地资源利用现状

湿地与湿地周边区域共同构成了一个完整的生态系统，因此，不仅要注意湿地范围内的湿地资源保护与利用，还要注意湿地周边区域开发利用活动对湿地的影响。由于多种原因，湿地周边土地权属复杂，大部分土地使用权分散在农户手中，开发利用方式多种多样，涉及农业、林业、水利、环保、国土等多部门，导致不能科学合理的保护与利用湿地的现象时有发生。从安徽省实际情况来看，湿地周边区域生产经营活动对湿地的影响主要有：开垦或侵占湿地，化肥、农药的使用及其他生产生活污染，违法捕捞、

狩猎等，这些导致了湿地面积减少，湿地污染加剧，生物多样性降低，从而影响了湿地的功能与效益。因此，考虑到湿地周边区域土地利用的复杂性和跨部门的特点，各级政府应采取措施，引导、扶持湿地周边居民科学合理地利用湿地资源，以减轻湿地周边区域的开发利用活动对湿地造成的不利影响。

二、湿地资源科学合理利用的主要途径

发展生态产业是湿地周边区域科学利用湿地资源的主要途径。生态产业是按生态经济原理和经济规律组织起来的基于生态系统承载能力，具有高效的生态过程及和谐的生态功能的集团型产业。不同于传统产业的是生态产业将生产、流通、消费、回收、环境保护及能力建设纵向结合，将不同行业的生产工艺横向耦合，将生产基地与周边环境纳入整个生态系统统一管理，谋求资源的高效利用和有害废弃物向系统外的零排放。生态产业是包含工业、农业、居民区等的生态环境和生存状况的一个有机系统。

近几年来，我国生态产业不断得到重视和加强，取得了不少成功经验，值得借鉴。如发展生态农业、生态林业和农林复合型生态产业，科学合理使用化肥，鼓励使用高效、低毒、低残留的有机农药；发展循环经济，推行清洁生产；加大特色湿地产品培育力度，如水生蔬菜、特色有机水产品等，满足社会需求，增加群众收入；利用独特湿地景观资源，结合湿地科普教育、湿地文化，依法依规开展与湿地承载力相适应的湿地旅游，吸引社会各界对湿地

的关注，提升旅游品质，使湿地的生态、经济、社会效益相统一。

三、引导、扶持湿地周边区域居民科学合理利用湿地资源

改变湿地周边传统的不合理的生产模式，发展生态产业，各级政府应当发挥引导和扶持作用。近几年来，国家先后出台扶持绿色发展的相关政策，如控制化肥农药使用补贴、渔业资源增殖保护补贴、湿地保护补助等政策，此外国家还启动了湿地生态补偿试点政策等。安徽省也加大了对湿地生态产业的支持力度，鼓励开展湿地植物培育、退耕还湿等，这对促进湿地周边区域可持续发展发挥了重要作用。各级人民政府要充分利用国家政策，采用多种举措，促进湿地周边区域居民科学合理地利用湿地资源：一是舆论引导。通过广泛宣传，提倡绿色生产和绿色消费，在全社会树立生态文明理念。二是典型示范。通过建立生态产业示范园区、生态产业示范基地等方式，树立典型，发挥示范和带动作用。三是政策扶持。制定有利于科学合理利用湿地资源的政策措施，在项目申报、技术引进等方面给予政策扶持。四是资金补助。既要利用好国家资金，也要加大地方投入，完善奖补措施，支持生态产业的发展。五是强化监管。要依据有关法律法规，严格查处破坏生态环境的违法行为，弘扬生态文明正气。

第二十八条 在湿地保护范围内从事生产经营活动的，应当符合湿地保护规划，与湿地资源的承载能

力和环境容量相适应，不得破坏湿地生态系统的基本
功能，不得超出湿地生物资源的再生能力，不得破坏
野生动植物栖息和生长环境。

【释义】本条是关于在湿地范围内开展生产经营活动的有
关规定。

在坚持保护的前提下，开展生产经营活动对于促进地
方经济发展和群众增收具有重要作用。湿地范围内生产经
营活动主要包括渔业生产、灌溉、湿地旅游、航运等，这
些生产经营活动如不加以严格管理，势必对湿地生态系统
造成破坏。因此，必须正确处理好生产经营活动与湿地生
态系统保护之间的关系。具体来说，必须坚持以下五项
原则：

一、符合湿地保护规划的原则

保护湿地，规划先行。安徽省林业厅在第二次湿地资
源调查的基础上，会同有关部门制定全省湿地保护规划，
根据本《条例》要求，各市、县（区）林业主管部门要编
制本地区湿地保护规划，明确保护目标、建设布局、重点
项目和政策措施，全面提高湿地保护的科学性和管理水平，
把湿地保护的任务落实到各有关单位和部门，把规划提出
的各项任务落到实处。湿地范围内任何生产经营活动必须
与湿地保护规划相一致，未经批准，不得调整和改变湿地
保护规划。

二、与湿地资源的承载力和环境容量相适应的原则

湿地资源承载力是指在确保资源合理开发利用的条件下，湿地资源能承载的人口数量及相应的经济社会活动总量的能力和容量。

湿地环境容量是指在人类生存的自然生态条件不受损的前提下，湿地环境所能容纳的污染物的最大负荷量。一般而言，环境对外部影响有一定的反馈调节能力，因而在一定限度内环境不会因人为活动影响而遭受破坏，但超过一定的限度后，这种功能就会急剧地受到损害，甚至被彻底破坏，环境的这种承受"限度"就是环境容量。

湿地资源承载能力和环境容量对生产经营活动有一定的限制作用。湿地范围内的生产经营活动必须是在资源承载能力和环境容量可以接受的范围内开展，超出这个范围，不仅湿地生态系统会受到破坏，生产经营活动获得的收益也是暂时的、短期的、不可持续的。资源承载能力和环境容量从量和质两方面限定生产经营的速度、规模和方式。湿地范围内的生产经营活动如果一直限定在资源承载能力和环境容量的限度内，那么资源承载能力和环境容量将得到保护与巩固，这将有利于生产经营活动的可持续性，形成经济可持续增长的良性循环。因此，实现可持续发展，必须使生产经营活动的规模和增长速度控制在自然资源的承载能力、环境容量范围内，否则就很难实现可持续发展。

三、不得破坏湿地生态系统基本功能的原则

湿地生态系统是由水环境、气候、土壤等非生物环境以及动物、植物、微生物等生物环境构成的统一体，湿地生态系统各环节之间通过物质交换、能量流动和信息传递相互联系，相互作用，维持着生态系统的动态平衡和基本功能。

湿地生态系统具有以下基本特征：一是丰富的生物多样性。湿地兼具丰富的陆生和水生动植物资源，形成其他任何单一生态系统都无法比拟的天然基因库和独特的生境，特殊的水文、土壤和气候提供复杂且完备的动植物群落。二是生态系统脆弱易变。湿地水文、土壤、气候相互作用，形成湿地生态系统的主要环境因素。每个因素的改变，都或多或少地导致生态系统的变化，特别是水文变化。三是具备多种综合效益。湿地既具有调蓄水源、调节气候、净化水质、保存物种、提供野生动物栖息地等基本生态效益，也具有为工业、农业、基因工程、能源、医疗业等提供大量生产原料的经济效益，同时还能为物种研究、科普教育、生态旅游等带来社会效益。

湿地范围内所有的生产经营活动与湿地生态系统密切相关，良好的湿地生态系统是生产经营活动持续发展的基础和前提。但湿地生态系统易受人为干扰和影响，一旦任何环节受到破坏，势必影响整个生态系统的物质能量循环，影响湿地生态系统基本功能。近几年来，安徽省湿地保护工作虽然取得很大成绩，但开垦湿地、侵占湿地、污染湿

地、改变湿地用途、酷捕滥捞现象时有发生，湿地生态系统基本功能下降，因此，必须按照本《条例》规定，严格管理。

四、不得超出湿地生物资源再生能力的原则

湿地生物资源属可再生资源，但再生的基础要求保留一定水平的资源储备。保持"供"与"需"的平衡，这是保护和利用生物资源的一条重要原则。要让生物资源持续保持较高的生产力，必须要保留一定的种源储备，让湿地生态系统能够源源不断地得到物质与能量的补偿，才能使生物正常地生长、发育和繁衍。否则，生物资源质量就会下降，资源就会枯竭。因此，湿地范围内的生产经营活动要正确处理好保护与利用的关系，对湿地的开发利用要控制在湿地资源承载力范围内，使湿地生物资源具有源源不断的再生能力。

五、不得破坏野生动植物栖息和生长环境的原则

野生动植物是湿地生态系统的重要组成部分，保护野生动植物是湿地保护的重要内容，而且湿地内分布的部分野生动植物是全球受胁物种或国家重点保护物种，如安徽省湿地分布的白鹤、白头鹤、东方白鹳、扬子鳄等。野生动植物的生存繁衍，离不开一定的环境条件，包括食物、隐藏、繁殖等生物条件。野生动植物的生存环境一旦受到破坏，动物的栖息、繁衍、安全将受到极大影响，这也是造成全球野生动植物种群数量锐减的主要原因之一。如全

球濒危物种、国家一级保护动物丹顶鹤和白鳍豚在安徽省曾有种群分布，但随着开发活动的增强，其栖息环境受到严重破坏，这些物种在安徽省已销声匿迹。因此，保护野生动植物的有效方法就是保护野生动植物赖以生存的环境。各级林业、农业等相关部门要在全面摸清野生动植物资源的基础上，掌握野生动植物的分布规律，制订相关保护措施，保护好野生动植物的栖息环境。

第二十九条　在湿地类型自然保护区开展参观、旅游活动的，湿地管理单位应当按照批准的方案进行；游客进入保护区参观、旅游的，应当服从湿地管理单位的管理。

【释义】本条是关于在湿地类型保护区开展参观、旅游活动的有关规定。

随着经济社会的快速发展，开展参观、旅游活动的人员日趋增多，特别是湿地保护区和湿地公园因其独特的自然景观和生物资源，日益成为旅游爱好者喜爱的地方。同时，参观旅游活动往往给保护区带来环境压力，如参观旅游人群对野生动物的影响，生活污染，等等，因此，在湿地类型保护区开展参观旅游活动必须得到控制和管理。本条包括两个方面内容：一是对湿地管理单位的规定；二是对游客的管理规定。

一、对湿地管理单位的规定

对湿地管理单位的要求就是制定参观旅游方案并按方

案开展参观旅游活动。制定参观旅游方案的目的是减少人为活动对湿地及野生动植物的影响。湿地类型自然保护区的直接管理单位即保护区管理机构要制定参观旅游方案，其内容包括参观旅游的项目名称、期限、规模、范围、方式、相应保护措施等，并按规定程序报批。根据《中华人民共和国自然保护区条例》第二十九条规定："在国家级自然保护区的实验区开展参观、旅游活动的，由自然保护区管理机构提出方案，经省、自治区、直辖市人民政府有关自然保护区行政主管部门审核后，报国务院有关自然保护区行政主管部门批准；在地方级自然保护区的实验区开展参观、旅游活动的，由自然保护区管理机构提出方案，经省、自治区、直辖市人民政府有关自然保护区行政主管部门批准。"这就明确了参观旅游方案的批准程序。目前安徽省湿地类型自然保护区主管部门以林业部门为主，还有一部分湿地类型自然保护区隶属于环保、农业（渔业）部门，参观旅游方案根据自然保护区隶属关系和保护区级别，依据上述规定，分别报送相应的上级主管部门审批。参观旅游方案批准后，保护区管理机构必须按照批准的方案对参观旅游活动严格管理。

二、对游客的管理规定

对游客的要求就是游客要服从湿地类型自然保护区管理机构的管理。保护区管理机构根据批准的方案和有关规定对参观旅游活动进行管理，是法律赋予的职责，游客必须服从湿地类型自然保护区管理机构的管理。如在保护区参观旅游时驱赶野生动物、不按规定的线路参观旅游、乱扔垃圾等与自然保护区保护目标不一致的参观、旅游项目活动必须严格禁止。

根据《中华人民共和国自然保护区条例》的规定，核心区、缓冲区禁止开展参观和旅游活动，参观旅游活动限定在保护区的实验区进行。因为实验区一般位于保护区外围，其重要性弱于核心区和缓冲区。

第三十条　湿地保护范围内建筑物、构筑物不再使用的，原使用单位或者个人应当按照规定进行生态修复。

【释义】本条是关于湿地保护范围内对不再使用的建筑物、构筑物进行生态修复的有关规定。

对湿地保护范围内不再使用的建筑物、构筑物开展生态修复，可理解为两个方面含义：一是对不再使用建筑物、构筑物的清理。要按照《中华人民共和国固体废物污染环境防治法》和国务院《建设工程安全生产管理条例》等法律和行政法规的规定进行清理，确保安全、无公害。二是对受损生态系统进行修复。其基本要求是利用生态系统的自我恢复能力，辅以人工措施，使遭到破坏的生态系统逐步恢复原貌或向良性方向发展的技术集成。其目标是实现生态系统功能的恢复和合理结构的构建。具体内容包括：实现生态系统的地表基底稳定性，保证生态系统的演替与发展；恢复植被和土壤，保证一定的植被覆盖率和土壤肥力；增加生物多样性，实现生物群落的恢复，提高生态系统的生产力和自我维持能力；减少或控制环境污染；增加视觉和美学享受等。原使用单位或个人要制定生态修复方案，在规定的期限内完成生态修复任务，也可以由原使用单位或个人委托具有条件的单位开展生态修复，所需费用由原使用单位或个人承担。湿地管理部门要加强监督和管理，确保生态修复工程的效果。

本条规定原使用单位或个人对这些不再使用的建筑物、构筑物进行生态修复的责任，符合我国现行的有关法律法规的规定，体现了损害者担责的原则。《中华人民共和国环境保护法》第六条规定："企业事业单位和其他生产经营者应当防止、减少环境污染和生态破坏，对所造成的损害依法承担责任。"《中华人民共和国防洪法》第四十二条规定："对河道、湖泊范围内阻碍行洪的障碍物，按照'谁设障，谁清除'的原则，由防汛指挥机构责令限期清除；逾期不清除的，由防汛指挥机构组织强行清除，所需费用由设障者承担。"《中华人民共和国河道管理条例》第三十六条规定："对河道管理范围内的阻水障碍物，按照'谁设障，谁清除'的原则，由河道主管机关提出清障计划和实施方案，由防汛指挥部责令设障者在规定的期限内清除。逾期不清除的，由防汛指挥部组织强行清除，并由设障者负担全部清障费用。"《中华人民共和国水法》第三十七条规定："禁止在江河、湖泊、水库、运河、渠道内弃置、堆放阻碍行洪的物体和种植阻碍行洪的林木及高秆作物。"《中华人民共和国水法》第三十一条规定："因违反规划造成江河和湖泊水域使用功能降低、地下水超采、地面沉降、水体污染的，应当承担治理责任。"《中华人民共和国水污染防治法》第三十四条中规定："禁止在江河、湖泊、运河、渠道、水库最高水位线以下的滩地和岸坡堆放、存贮固体废弃物和其他污染物。"

第三十一条 工程建设、土地开发应当不占或者少占湿地。确需占用湿地的，市、县人民政府国土资源行政主管部门在办理相关报批手续前，应当征求同级林业行政主管部门意见；占用重要湿地的，省人民政府国土资源行政主管部门应当征求同级林业行政主管部门的意见。

因防洪抢险等突发事件需要占用湿地的，依照有关法律、行政法规规定执行。

【释义】本条是关于建设项目、抢险救灾等占用湿地的有关规定。

一、本条第一款是关于建设项目占用湿地的规定

由于人口快速增长，城乡建设快速发展，人水争地的现象依然存在。一些天然湿地面积锐减或消失，一些城市中的池塘、河流湿地被作为垃圾堆放场所和排污通道，直至被填埋为平地，最终沦为建设用地，导致其永久消失。此外，由于修路、建桥、驳岸固化等影响，湿地景观破坏也非常严重。如安徽省的白湖农场、华阳河农场、九成坂农场都曾是湿地重点分布区，但由于历史上围湖造田，大部分湿地已消失。近年来，虽然湿地保护工作得到加强，但侵占湿地现象依然存在。为尽快扭转自然湿地面积减少、生态功能退化的局面，2004 年国务院办公厅下发《关于加强湿地保护管理的通知》，要求对现有自然湿地资源实行普遍保护，坚决制止随意侵占湿地和破坏湿地的行为。本条规定是贯彻国务院办公厅文件的具体体现。

目前，国家对耕地、林地管理十分严格，法律法规也相对完善，但湿地管理法制建设相对滞后，这导致不少开发商将目光瞄向湿地，如不加控制，就会导致侵占湿地现象蔓延。本款规定，包含三个层次：

（一）工程建设、土地开发应当不占或者少占湿地。要求尽量控制和减少对湿地的占用，能不占用的尽量不占用，能换地点的要尽量换地点。

（二）确需占用的，市、县国土部门要征求同级林业行政主管部门意见，这也就规定了市、县国土部门的责任。工程建设尽量不占或少占湿地，这是一条基本要求，但对关系地方社会经济发展的重大工程项目，关系民生的重大建设项目，确需占用湿地的，需从严把握审批。林业行政主管部门负责湿地保护工作的组织、协调、指导和监督管理，对辖区内湿地资源情况较清楚，征求同级林业行政主管部门意见，有利于对占用湿地合理性进行评价，有利于林业行政主管部门掌握湿地变化情况、加大湿地保护力度。所以本条规定，确需占用湿地的，市、县人民政府国土资源行政主管部门在办理相关报批手续前，应当征求同级林业行政主管部门意见。

（三）占用重要湿地的，省人民政府国土资源行政主管部门应当征求同级林业行政主管部门的意见。重要湿地是湿地保护的重点，必须实行更严格的管理制度，此规定明确占用重要湿地的审批权在省国土资源管理部门，省国土资源行政主管部门在审批前要征求省林业主管部门意见。此款规定，有利于加强对重要湿地的监督管理，从源头上加强对重要湿地的保护。

二、本条第二款是关于防洪抢险等突发事件需要占用湿地的规定

防洪抢险等突发事件是指突然发生，造成或者可能造成严重社会危害，需要采取应急措施予以应对的自然灾害、事故灾难、公共卫生事件和社会安全事件。对这类突发事件占用湿地的，有关法律法规已有规定。安徽省实施《中华人民共和国土地管理法》办法第四十五条规定："抢险救灾等急需使用土地的，可以先行使用土地。其中，属于临时用地的，灾后应当恢复原状并交还原土地使用者，土地原使用者使用时不再办理用地审批手续；属于永久性建设用地的，建设单位应当在灾情结束后6个月内申请补办建设用地审批手续。"《中华人民共和国防洪法》第四十五条规定："在紧急防汛期，防汛指挥机构根据防汛抗洪的需要，有权在其管辖范围内调用物资、设备、交通运输工具和人力，决定采取取土占地、砍伐林木、清除阻水障碍物和其他必要的紧急措施；必要时，公安、交通等有关部门按照防汛指挥机构的决定，依法实施陆地和水面交通管制。依照前款规定调用的物资、设备、交通运输工具等，在汛期结束后应当及时归还；造成损坏或者无法归还的，按照国务院有关规定给予适当补偿或者作其他处理。取土占地、砍伐林木的，在汛期结束后依法向有关部门补办手续；有关地方人民政府对取土后的土地组织复垦，对砍伐的林木组织补种。"《安徽省突发事件应对条例》第三十条规定："县级以上人民政府为应对突发事件需要依法征用公民、法人和其他组织财产的，应当向被征用的单位或者个人签发《应急处置征用通知书》，并做好登记造册工作。情况特别紧急时，可以先行征用，事后补办手续。被征用的财产在使用完毕后，应当及时返还。财产被征用或者征用后毁损、灭失的，应当参照征用时的价值给予补偿。"

第三十二条 县级以上人民政府应当加强湿地保护和管理的队伍建设，建立湿地保护执法协作机制，可以根据湿地保护和管理工作的需要实施综合行政执法。

县级以上人民政府林业行政主管部门应当单独或者定期会同有关部门，对湿地保护情况进行监督检查。单独进行监督检查的，应当将监督检查结果通报有关部门。

【释义】本条是关于加强湿地保护队伍建设、建立执法协作机制，实施综合行政执法和监督检查的有关规定。

一、本条第一款是关于政府加强湿地保护队伍建设，建立执法协作机制和综合行政执法的规定

（一）加强保护队伍建设。在安徽，湿地保护管理力量不足的问题普遍存在，加强湿地保护队伍建设十分迫切。2004年，国务院办公厅下发"关于加强湿地保护管理的通知"指出："湿地保护是一项重要的生态公益事业，做好湿地保护管理工作是政府的职能。地方各级人民政府要高度重视湿地保护管理工作，在重要湿地分布区，要把湿地保护列入政府的重要议事日程，作为重要工作纳入责任范围，从法规制度、政策措施、资金投入、管理体系等方面采取有力措施，加强湿地保护管理工作。"由此可见，各级政府要加强湿地保护和管理队伍建设，切实履行湿地保护管理职责。

（二）建立执法协作机制。湿地管理工作涉及林业、农业（渔业）、环保、水利、国土等多个部门和行业，关系多方的利益。不同地区、不同部门，因对湿地保护、利用和管理的目标不同、利益不同，影响了对湿地的保护与管理。因此，在政府的领导下，根据各自职责，建立多种形式的执法协作机制，十分必要。

（三）实施综合行政执法。当前，湿地保护执法力度不够，执法力量分散，执法主体不明确，管理机构、机制不健全，这制约了湿地保护工作的开展。因此，实施综合行政执法，对于落实相关部门职责，集中相关部门执法力量，形成合力，对促进湿地保护管理工作的开展具有重要意义。特别是在重要湿地以及湿地资源破坏严重的地方，要组织开展湿地保护综合行政执法工作，提高保护管理成效。

二、本条第二款是关于林业行政主管部门开展湿地保护监督检查的规定

此款进一步明确林业行政主管部门监督检查的职责和方式方法。各级林业行政主管部门要切实履行监督检查职责，组织开展对辖区内湿地保护规划的制定和实施情况、湿地生态系统变化情况、保护管理措施落实情况、保护管理成效等情况的监督检查。在监督检查的方式方法上，根据工作需要，林业行政主管部门既可以单独开展监督检查，也可以根据湿地保护管理情况，定期会同相关部门联合开展监督检查。林业行政主管部门单独进行监督检查的，应及时将检查结果通报有关部门，实现信息互通共享，促进湿地保护管理工作开展。

第五章 法律责任

目前，由国家法律、行政法规、规章设定的林业行政处罚行为共 94 项，本条例涉及的行政处罚种类主要包括：罚款、没收财物或者非法所得；吊销许可证；责令停产停业等。

第三十三条 违反本条例第十九条第二款规定，损毁、涂改、擅自移动湿地保护标志的，由县级以上人民政府林业行政主管部门或者其他有关部门责令停止违法行为，限期恢复，可以处五百元以上二千元以下的罚款。

【释义】本条是关于损毁、涂改、擅自移动湿地保护标志行为的法律责任的规定。

一、违法行为

本条针对的违法行为包括三类：一是损毁湿地保护标志，即损坏、毁灭湿地保护标志；二是涂改湿地保护标志；

三是擅自移动湿地保护标志，即未经批准，将湿地保护标志移到别处。

二、责任形式

根据本条规定，对违法行为较轻的，县级以上人民政府林业行政主管部门或者其他有关部门可以责令其停止违法行为，限期恢复，即责令违法者停止正在进行的违法行为，在一定期限内将损毁、涂改、擅自移动的湿地保护标志恢复原来的状态。对于违法者违法情节较轻的可以不再罚款；如果违法者违法情节较重，处罚机关可以在责令违法者停止违法行为、限期恢复的同时，采取罚款的处罚措施。

罚款属于财产罚，是指行政机关依法决定对违反行政管理法规的公民、法人及其他组织在一定期限内缴纳一定数量货币的处罚行为。本条规定"可以处五百元以上二千元以下的罚款"，即对于本条规定的三种违法行为，根据情节轻重，可以给予最低五百元、最高二千元的罚款，具体数额由处罚机关根据违法情节予以裁量。

《中华人民共和国行政处罚法》第二十三条规定："行政机关实施行政处罚时，应当责令当事人改正或者限期改正违法行为。"责令当事人改正或者限期改正违法行为，是指行政机关要求违法当事人作为或者不作为，使其终止违法行为，促使违法当事人履行其应当履行的义务，或者以其他方式达到与履行义务相当的状态。行政违法行为侵犯了行政管理秩序，损害了公民、法人和其他组织的权利，行政机关以国家强制力为手段，对违法行为当事人处以行政处罚。为了恢复被破坏的社会秩序，或者预防破坏社会秩序和损害公共利益行为的再次发生，行政机关在实施行政处罚的同时，还应当责令当事人改正违法行为。改正违法行为的措施包括：恢复原状、限期治理、防止违法行为再次发生等多种方式，以达到促使违法行为人认真承担责任，避免同类事件再次发生的目的。责令当事人限期恢复、限期治理等，是行政机关在作出行政处罚决定时，一并决定的行政管理措施。

三、执法主体

根据本条规定，执法主体为"县级以上人民政府林业行政主管部门或者其他有关部门"。"其他有关部门"是指除林业行政主管部门以外的本条例第五条第三款规定的与湿地保护相关的部门。

林业行政主管部门应当会同有关部门，尽快制定本条例行政处罚自由裁量权的适用规则，指导、规范执法机关合理行使湿地保护行政处罚权。

第三十四条　违反本条例第二十一条第一项规定，擅自开垦、围垦、填埋等改变湿地用途的，由县级以上人民政府国土资源行政主管部门或者林业行政主管部门责令停止违法行为，没收违法所得；限期恢复，并处非法所得的百分之十以上百分之五十以下的罚款。

违反本条例第二十一条第一项、第三项规定，擅自开垦、围垦、填埋、采砂、取土等占用湿地的，由县级以上人民政府国土资源行政主管部门或者林业行政主管部门责令停止违法行为，限期治理或者恢复，并处非法占用湿地每平方米十元以上三十元以下的罚款。

【释义】本条是关于擅自开垦、围垦、填埋、采砂、取土等改变湿地用途或者占用湿地行为应承担的法律责任的规定。

一、违法行为

本条针对的违法行为包括两类：一是擅自开垦、围垦、填埋等改变湿地用途的行为；二是擅自开垦、围垦、填埋、采砂、取土等占用湿地的行为。

二、责任形式

针对违法行为类型和危害后果的不同，本条对法律责任分两款进行了规定。第一款对擅自开垦、围垦、填埋等改变湿地用途的行为，作出处罚规定。本款规定的行政处罚包括没收违法所得和罚款两种方式。

没收违法所得属于财产罚，是指行政机关依法将行为人通过违法行为获取的财产收归国有的处罚。

依据第一款规定，根据改变湿地用途违法行为危害程度的轻重，由县级以上人民政府林业行政主管部门或者其他有关部门责令违法行为人停止违法行为，没收违法所得；限期恢复，并处非法所得的最低百分之十，最高百分之五十的罚款。

第二款对擅自开垦、围垦、填埋、采砂、取土等占用湿地的，作出处罚规定。由县级以上人民政府林业行政主管部门或者其他有关部门根据占用湿地违法行为危害程度的轻重，责令违法行为人停止违法行为，限期治理或者恢复，并处非法占用湿地每平方米十元以上三十元以下的罚款。

三、执法主体

根据本条规定，执法主体为县级以上人民政府国土资源行政主管部门或者林业行政主管部门。

占用湿地、改变湿地用途的行为同时违反了《中华人民共和国土地管理法》及本条例的规定，国土资源行政主管部门或者林业行政主管部门可以分别依据《中华人民共和国土地管理法》及本条例进行行政处罚。但根据"一事不再罚"原则，国土资源行政主管部门或者林业行政主管部门对行为人的同一违法行为，不能重复进行罚款的行政处罚。

所谓"一事不再罚"是指行政机关不得以同一事实和同一依据，对当事人的同一个违法行为给予两次罚款的行政处罚。"一事不再罚"原则是行政处罚的一个基本原则，目的在于防止重复处罚，体现过罚相当的法律原则，以保护行政相对人的合法权益。

"一事不再罚"的核心是"不再罚款"。当同一违法行为触犯两个以上法律规范时，行政机关可以分别依据不同的法律规范实施处罚。也就是说，行为人的一个行为，同时违反了两个以上法律、法规的规定，可以给予两次以上的处罚，但如果处罚是罚款则只能罚一次，另一次处罚可以是没收财产、责令停产停业等，只是不能再罚款。

第三十五条 违反本条例第二十一条第二项、第四项规定，擅自建造建筑物、构筑物，修建阻水、排水设施的，由县级以上人民政府水行政主管部门或者林业行政主管部门责令停止违法行为，限期拆除违法建筑物、构筑物和违法的阻水、排水设施；逾期不拆除的，强行拆除，所需费用由违法者承担，并处二万元以上十万元以下的罚款。

【释义】本条是关于擅自建造建筑物、构筑物，修建阻水、排水设施行为的法律责任的规定。

一、违法行为

本条规定的违法行为包括两类：一是擅自建造建筑物、构筑物；二是擅自修建阻水、排水设施。任何单位和个人实施这两类行为，都应当受到相应的行政处罚。

二、责任形式

根据违法行为情节轻重，分两个层次作出处罚规定：第一层次，由县级以上人民政府水行政主管部门或者林业行政主管部门责令停止违法行为，限期拆除违法建筑物、构筑物和违法的阻水、排水设施，对于违法者违法情节较轻且在限定期限内拆除的可以不再罚款；第二层次，对于逾期仍不拆除的，强行拆除，所需费用由违法者承担，并处二万元以上十万元以下的罚款，具体数额由处罚机关根据违反情节自由裁量。其中"逾期仍不拆除的，强行拆除，所需费用由违法者承担"属于代履行，是行政强制执行的方式之一。

根据《中华人民共和国行政强制法》第五十条规定，行政机关依法作出要求当事人履行排除妨碍、恢复原状等义务的行政决定，当事人逾期不履行，经催告仍不履行的，其后果已经或者将危害交通安全、造成环境污染或者破坏自然资源的，行政机关可以代履行，或者委托没有利害关系的第三人代履行。

三、执法主体

根据本条规定，执法主体为县级以上人民政府水行政主管部门或者林业行政主管部门。

对本条两类违法行为的处罚，仍然遵循"一事不再罚"的原则。

第三十六条 违反本条例第二十一条第五项规定，排放或者倾倒有毒有害物质、废弃物的，由县级以上人民政府环境保护主管部门责令停止违法行为，限期采取治理措施，消除污染，处五万元以上二十万元以下的罚款；逾期不采取治理措施的，环境保护主管部门可以指定有治理能力的单位代为治理，所需费用由违法者承担。

违反本条例第二十一条第五项规定，排放未达标的废水的，由县级以上人民政府环境保护主管部门按照权限责令限期治理，处应缴纳排污费数额二倍以上五倍以下的罚款。

限期治理期间，由环境保护主管部门责令限制生产、限制排放或者停产整治。限期治理的期限最长不超过一年；逾期未完成治理任务的，报经有批准权的人民政府批准，责令关闭。

【释义】本条是关于在重要湿地保护范围内排放或者倾倒有毒有害物质、废弃物，排放未达标的废水的行为的法律责任。

一、违法行为

本条规定违法行为包括两种：一是在重要湿地保护范围内排放或者倾倒有毒有害物质、废弃物；二是在重要湿地保护范围内排放未达标的废水。

二、责任形式

（一）在重要湿地保护范围内排放或者倾倒有毒有害物质、废弃物的法律责任。分两种情形：一种是违法者停止违法行为，在行政机关的限期内采取治理措施，消除了污染，此种情形由环保部门给予罚款，罚款幅度为五万元以上二十万元以下；另外一种情形是违法者在环保部门下达的限期内未采取治理措施进行治理、消除污染的，环保部门可以指定有治理能力的单位代为治理，代为治理所需的费用由违法者承担，并对违法者处以罚款。罚款的幅度为五万元以上二十万元以下，具体数额由环保部门根据违法情节予以裁量。

（二）在重要湿地保护范围内排放未达标的废水行为的法律责任。对于排放未达标的废水的行为，本条规定了罚款的法律责任。罚款的额度为应缴纳排污费数额的二倍以上五倍以下。同时，本条还规定了限期治理。限期治理，是指法定国家机关依法限定责任人在一定期限内治理污染源，并完成治理任务，达到治理目标。

根据本条规定，限期治理的期限最长为一年，由环保部门根据具体情节而定。在限期治理期间，环保部门还可以根据具体情形，责令违法者限制生产、限制排放或者停产整治。超过规定期限未完成治理任务的，经有批准权的人民政府批准，责令关闭。

第三十七条 违反本条例第二十一条第六项规定，破坏野生动物繁殖区和栖息地、鱼类洄游通道的，由野生动物行政主管部门责令停止破坏行为，限期恢复原状，并处以恢复原状所需费用二倍以下的罚款。

【释义】本条是关于破坏野生动物繁殖区和栖息地、鱼类洄游通道行为的法律责任的规定。

一、违法行为

本条规定的违法行为包括两种：一是破坏野生动物繁殖区和栖息地；二是破坏鱼类洄游通道。

二、责任形式

首先，由野生动物行政主管部门责令违法者停止破坏行为，限期恢复原状；其次，给予罚款的行政处罚。限期恢复原状的期限由野生动物行政主管部门确定，罚款的幅度为恢复原状所需费用的二倍以下，具体数额由野生动物行政主管部门根据情节裁量。

这里的恢复原状属于《中华人民共和国行政处罚法》第二十三条规定的"责令改正或者限期改正"。恢复原状概念来源于民法通则和侵权责任法规定的民事责任形式，是指通过修理等手段使受到损坏的财产恢复到损坏前的状况。在行政管理中，由于公民、法人或者其他组织的行为侵害的不是其他民事主体的权利，而是侵害了公共财产，影响了行政管理秩序，因此也要承担恢复原状的责任。

三、执法主体

本条规定的执法主体为野生动物行政主管部门。根据《中华人民共和国野生动物保护法》的规定，林业和渔业主管部门为野生动物保护部门，分别行使陆地野生动物及水生野生动物管理保护职责。

第三十八条　违反本条例第二十一条第七项规定，毒杀、电杀或者擅自猎捕水鸟及其他野生动物，采用灭绝性方式捕捞鱼类及其他水生生物，由野生动物行政主管部门或者其他有关行政部门没收猎获物、猎捕工具和违法所得，有猎获物的，处以相当于猎获物价值二倍以上八倍以下的罚款；没有猎获物的，处五百元以上二千元以下的罚款。

违反本条例第二十一条第七项规定，捡拾、收售动物卵的，责令停止违法行为，没收违法所得，并处一百元以上五百元以下的罚款。

【释义】本条是关于毒杀、电杀或者擅自猎捕水鸟及其他野生动物，采用灭绝性方式捕捞鱼类及其他水生生物，捡拾、收售动物卵的行为的法律责任的规定。

一、违法行为

本条规定的违法行为有三种：一是毒杀、电杀或者擅自猎捕水鸟及其他野生动物；二是采用灭绝性方式捕捞鱼类及其他水生生物；三是捡拾、收售动物卵。

二、法律责任

（一）毒杀、电杀或者擅自猎捕水鸟及其他野生动物，采用灭绝性方式捕捞鱼类及其他水生生物行为的法律责任。根据是否有猎获物，给予不同的处罚：一是有猎获物的，由野生动物行政主管部门或者其他有关行政部门没收猎获物、猎捕工具和违法所得，并处以相当于猎获物价值二倍以上八倍以下的罚款，具体数额由处罚部门根据情节裁量；二是没有猎获物的，由野生动物行政主管部门或者其他有关行政部门没收猎捕工具和违法所得，处以罚款，罚款的幅度为五百元以上二千元以下。

没收猎获物、猎捕工具属于行政处罚中的没收非法财物。没收非法财物属于财产罚，是指行政机关依法将违禁物品、违法行为人用以实施违法行为的工具以及违法行为人非法占有的其他财物收归国有的处罚。

（二）捡拾、收售动物卵的法律责任。对于捡拾、收售动物卵的行为，本条规定了由野生动物行政主管部门或者其他有关行政部门先责令停止违法行为，其次给予没收违法所得和罚款的行政处罚。罚款的幅度为一百元以上五百元以下。

没收违法所得属于财产罚，是指行政机关依法将行为人通过违法行为获取的财产收归国有的处罚。

三、执法主体

本条规定的执法主体为野生动物行政主管部门或者其他有关行政部门。根据《中华人民共和国野生动物保护法》的规定，林业和渔业主管部门为野生动物保护部门，分别行使陆地野生动物及水生野生动物管理保护职责。

其他有关行政部门是指与野生动物保护相关的其他行政部门，上述违法行为涉及其他行政部门管理职责范围的，由相应的行政管理部门进行处罚。

第三十九条　违反本条例第二十一条第八项规定，未取得采集证或者未按照采集证的规定采挖国家重点保护野生植物的，由野生植物行政主管部门没收所采集的野生植物和违法所得，可以并处违法所得十倍以下的罚款；有采集证的，并可以吊销采集证。

【**释义**】本条是关于未取得采集证或者未按照采集证的规定采挖国家重点保护野生植物行为的法律责任的规定

一、违法行为

本条规定的违法行为有两种：一是未取得采集证采挖国家重点保护野生植物的行为；二是未按照采集证的规定采挖国家重点保护野生植物的行为。

根据本条规定，采挖国家重点保护的野生植物需要满足两个条件：一是要取得采集证；二是要按照采集证的规定进行采挖。

（一）关于采集证。《中华人民共和国野生植物保护条例》第十六条规定："禁止采集国家一级保护野生植物。因科学研究、工人培育、文化交流等特殊需要，采集国家一级保护野生植物的，必须经采集地的省、自治区、直辖市人民政府野生植物行政主管部门签署意见后，向国务院野生植物行政主管部门或者其授权的机构申请采集证。

"采集国家二级保护野生植物的，必须经采集地的县级人民政府野生植物行政主管部门签署意见后，向省、自治区、直辖市人民政府野生植物行政主管部门或者其授权的机构申请采集证。

"采集城市园林或者风景名胜区内的国家一级或者二级保护野生植物的，须先征得城市园林或者风景名胜区管理机构同意，分别依照前两款的规定申请采集证。

"采集珍贵野生树木或者林区内、草原上的野生植物的，依照森林法、草原法的规定办理。

"野生植物行政主管部门发放采集证后，应当抄送环境保护部门备案。"

第十七条规定："采集国家重点保护野生植物的单位和个人，必须按照采集证规定的种类、数量、地点、期限和方法进行采集。"

（二）关于国家重点保护野生植物。《中华人民共和国野生植物保护条例》第十条规定："野生植物分为国家重点保护野生植物和地方重点保护野生植物。

"国家重点保护野生植物分为国家一级保护野生植物和国家二级保护野生植物。国家重点保护野生植物名录，由国务院林业行政主管部门、农业行政主管部门（以下简称国务院野生植物行政主管部门）商国务院环境保护、建设等有关部门制定，报国务院批准公布。"

本条所称的国家重点保护野生植物，依据国家重点保护野生植物目录确定。目前，国家已批准发布了第一批名录。

二、责任形式

根据本条规定，对违法者同时适用没收非法财物（所采集的野生植物）和违法所得两种处罚；另外，野生植物行政主管部门根据违法情节，还可以在没收非法财物和违法所得的基础上给予罚款的行政处罚；对于违法者有采集证，但未按照采集证的规定采挖的行为，根据违法情节轻重，可同时适用吊销许可证（采集证）的处罚。

三、执法主体

本条规定的执法主体为野生植物行政主管部门。野生植物行政主管部门应当依据《中华人民共和国野生植物保护条例》第八条的规定确定。

第四十条　县级以上人民政府林业行政主管部门和其他有关部门，违反本条例规定，有下列行为之一的，对直接负责的主管人员和其他直接责任人员，依法给予处分；构成犯罪的，依法追究刑事责任：

（一）未按照规定编制和组织实施湿地保护规划的；

（二）未依法采取湿地保护措施的；

（三）对造成湿地污染的违法行为未采取制止措施的；

（四）未按规定批准占用湿地的；

（五）未依法履行监督管理职责或者因保护利用不当，造成湿地生态系统损害的；

（六）其他滥用职权、玩忽职守、徇私舞弊的行为。

【释义】本条是关于国家机关工作人员在湿地保护工作中违法行为的法律责任的规定。

一、承担法律责任的主体

本条规定的违法行为的主体是履行湿地保护相关管理职责的政府职能部门的工作人员，包括林业行政主管部门和本条例第五条第三款规定的部门的工作人员

二、执法主体

依照《行政许可法》《行政处罚法》《行政强制法》《行政监察法》《公务员法》《行政机关公务员处分条例》等法律、行政法规的规定，本条执法主体主要包括违法行为人的任免机关和监察机关。

三、违法行为

本条列举了六类违法行为：（1）未按照规定编制和组织实施湿地保护规划的；（2）未依法采取湿地保护措施的；（3）对造成湿地污染的违法行为未采取制止措施的；（4）未按规定批准占用湿地的；（5）未依法履行监督管理职责或者因保护利用不当，造成湿地生态系统损害的；（6）其他滥用职权、玩忽职守、徇私舞弊的行为。由于上述列举的前五类违法情形很难穷尽行政违法行为，所以此处作了概括性、兜底性规定。滥用职权主要指林业行政主管部门和其他有关部门工作人员违反法律、法规规定或者超越法定权限行使职权的行为。玩忽职守主要指林业行政主管部门

和其他有关部门工作人员不履行或者不正确履行法律、法规所规定的职责的行为。不履行职责即不作为、不尽职责或者擅离职守；不正确履行职责即对工作马马虎虎、漫不经心、不负责任；徇私舞弊是指林业行政主管部门和其他有关部门工作人员为了私情或者牟取私利，故意违反事实和法律、法规的规定，作枉法处理或者枉法决定的行为。

四、责任形式

（一）行政责任。对于一般的行政违法行为，依法给予处分。处分是指任免机关或监察机关对国家工作人员尚不构成犯罪的违法失职行为，依照法定权限给予的惩戒。根据《行政机关公务员处分条例》第六条、第七条的规定，处分包括警告、记过、记大过、降级、撤职、开除等六种。受处分的期间为：警告，6 个月；记过，12 个月；记大过，18 个月；降级、撤职，24 个月。

（二）刑事责任。刑事责任和行政责任是两种不同的法律责任形式，当事人违法行为既违反行政法律规范，又触犯刑法的，依法追究刑事责任。任免机关或者监察机关对国家工作人员依法给予处分时，发现其行为涉嫌犯罪的，应当及时依法移送司法机关处理，不得以行政责任代替刑事责任。

根据本条规定，国家工作人员在湿地保护工作中的犯罪行为，主要是滥用职权、玩忽职守、徇私舞弊。这里的依法，是指依据《中华人民共和国刑法》，根据刑法第三百九十七条规定："国家机关工作人员滥用职权或者玩忽职守，致使公共财产、国家和人民利益遭受重大损失的，处三年以下有期徒刑或者拘役；情节特别严重的，处三年以上七年以下有期徒刑。本法另有规定的，依照规定。

"国家机关工作人员徇私舞弊，犯前款罪的，处五年以下有期徒刑或者拘役；情节特别严重的，处五年以上十年以下有期徒刑。本法另有规定的，依照规定。"

第四十一条 违反本条例的行为，法律法规已规定处罚的，从其规定。

林业、农业（渔业）、国土资源、环保、住房城乡建设、规划等行政主管部门，可以在其法定权限内委托湿地管理单位实施行政处罚。

【释义】本条是关于法律法规已有处罚规定的违法行为的法律责任的规定和委托行使行政处罚权的规定。

一、违反本条例的行为，法律法规已规定处罚的，从其规定

本款对法律责任的规定是概括性、指引性规定，包括两层含义：一是违反本条例规定、本条例未作处罚规定的行为，如果法律、行政法规有处罚规定的，按照法律、行政法规的处罚规定执行；二是违反本条例规定、本条例已经作出处罚规定的行为，如果法律、行政法规对此种行为也规定了处罚，则应当优先适用法律、行政法规的处罚规定。

因此，根据本款规定，相关管理部门在实际工作中，应当熟悉相关领域法律、行政法规，在处理违反本条例规定的行为时准确地适用罚则。

二、林业、农业（渔业）、国土资源、环保、住房城乡建设、规划等行政主管部门，可以在其法定权限内委托湿地管理单位实施行政处罚

这是关于委托湿地管理单位实施行政处罚权的规定。根据本款规定，林业、农业（渔业）、国土资源、环保、住房城乡建设、规划等行政主管部门，在涉及与湿地有关的行政处罚时，可以在其法定权限内委托湿地管理单位实施，如环保部门在对违反本条例第二十一条第五项规定进行行政处罚时，就可以委托湿地管理单位实施。

行政处罚权委托是指行政机关依照法律、法规或者规章的规定，在其法定权限内委托其他组织实施行政处罚。委托行政机关应当对受委托的组织实施行政处罚的行为负责监督，包括受委托的组织如何实施处罚行为、处罚方式、处罚后果等各个方面的监督。如果委托行政机关不履行监督职责，应当依法承担责任。

受委托组织必须符合以下条件：一是依法成立的管理公共事务的事业组织；二是具有熟悉有关法律、法规、规章和业务的工作人员；三是对违法行为需要进行技术检查或者技术鉴定的，应当由有条件的组织进行相应的技术检查或者技术鉴定。

受委托组织在委托范围内，应当遵循以下原则：一是必须以委托行政机关的名义实施行政处罚。处罚权的委托是一种委托代理关系，受委托人在法律上没有独立的地位、不能以自己的名义实施管理行为，只能以委托机关的名义进行，也不能以自己的名义参与行政复议或行政诉讼。二是不得再委托其他任何组织或者个人实施行政处罚。行政处罚权的委托受法律、法规或规章的严格限制，委托必须符合法定的条件。行政机关委托处罚是基于对受委托组织能力的信任，接受委托的组织不得再委托。

第六章　附　则

第四十二条　本条例自 2016 年 1 月 1 日起施行。

【**释义**】本条是关于本条例施行日期的规定。

《立法法》第五十七条规定："法律应当明确规定施行日期。"法律的施行时间即法律开始发挥效力的时间。法律效力的内容由具体的规定决定。一部法律的众多规范何时开始发挥其效力，这也需要具体的规定。正确理解法律关于施行时间的规定，是运用法律的前提条件。

法律从何时施行？目前我国立法实践中主要有三种方式：

1. 在法律条文中直接规定，从其公布之日起生效施行。这样可以使法律立刻发挥规范相关法律关系的准绳作用。

2. 在法律条文中确定法律公布一段时间后的某一日期，作为法律开始生效施行的日期。这样可以为法律的实施留出一定的宣传、学习和准备的时间。

3. 法律公布后先予以试行或者暂行，立法部门通过进一步补充完善，再通过为正式法律，公布施行。

本条例关于施行日期的规定，采用第二种方法，即在法规正文中明确该法规在公布一段时间后确定生效日期为2016年1月1日。2015年11月19日安徽省第十二届人民代表大会常务委员会第二十四次会议表决通过《安徽省湿地保护条例》，本条规定自2016年1月1日起实施，为条例的实施提供了一定的准备期。在准备期间，各级主管部门应当抓紧时间学习本条例，广泛宣传，并依职责做好各项准备工作。

第二部分 附 录

安徽省人民代表大会常务委员会

公 告

（第三十五号）

《安徽省湿地保护条例》已于 2015 年 11 月 19 日安徽省第十二届人民代表大会常务委员会第二十四次会议通过，现予公布，自 2016 年 1 月 1 日起施行。

安徽省人民代表大会常务委员会

2015 年 11 月 20 日

安徽省湿地保护条例

（2015 年 11 月 19 日安徽省第十二届人民代表大会
常务委员会第二十四次会议通过）

第一章　总　则

第一条　为了保护湿地，维护湿地生态功能和生物多
样性，促进湿地资源可持续利用，根据有关法律、行政法
规，结合本省实际，制定本条例。

第二条　本条例适用于本省行政区域内从事湿地保护、
利用及其监督管理活动。

本条例所称湿地，是指常年或者季节性积水的地带和
水域，包括河流湿地、湖泊湿地、沼泽湿地等自然湿地，
以及重点保护野生动物的栖息地或者重点保护野生植物的
原生地等人工湿地。

第三条　湿地保护应当遵循保护优先、统一规划、科
学恢复、合理利用和可持续发展的原则。

第四条　县级以上人民政府应当将湿地保护工作纳入
国民经济和社会发展规划，完善综合协调、分部门实施的
湿地保护管理体制，加大湿地保护投入，将湿地保护行政

管理工作经费纳入财政预算，建立湿地生态效益补偿机制。

乡（镇）人民政府、街道办事处应当做好本行政区域内湿地保护的有关工作。

第五条 县级以上人民政府应当建立湿地保护工作协调机制，统筹协调解决湿地保护的重大问题，落实湿地保护的目标和任务。

县级以上人民政府林业行政主管部门负责湿地保护的组织、协调、指导和监督等管理工作。

县级以上人民政府农业（渔业）、水利、住房城乡建设行政部门按照各自职责，做好湿地保护管理工作；发展改革、规划、财政、国土资源、环保、交通运输、科技、卫生、旅游等行政部门按照各自职责，做好湿地保护管理的有关工作。

村民委员会、居民委员会发现违反本条例行为的，有权予以制止，并向湿地保护管理部门报告。

第六条 每年的 11 月 6 日为安徽湿地日。

县级以上人民政府有关部门应当加强湿地保护宣传教育工作，普及湿地知识，增强全社会湿地保护意识。

鼓励公民、法人和其他组织以志愿服务、捐赠等形式参与湿地保护。

第七条 县级以上人民政府及其有关部门应当鼓励、支持湿地保护科学技术研究、技术创新和推广，提高湿地保护的科学技术水平。

第八条 任何单位和个人都有保护湿地的义务，对破坏、侵占湿地的行为有投诉、举报的权利。

县级以上人民政府林业行政主管部门应当建立投诉举报受理和查处制度，公布投诉举报受理方式，及时查处破坏、侵占湿地的行为。

第二章　规　划

第九条　县级以上人民政府林业行政主管部门应当会同有关部门，一般每五年组织一次湿地资源调查。湿地资源调查结果报本级人民政府批准后公布，并作为编制或者调整湿地保护规划的重要依据。

县级以上人民政府林业行政主管部门应当会同有关部门对湿地资源变化情况进行监测，建立湿地资源档案，实行信息共享。

第十条　省人民政府林业行政主管部门应当会同有关部门编制全省湿地保护规划。设区的市、县级人民政府林业行政主管部门应当会同有关部门，根据上一级湿地保护规划组织编制本行政区域湿地保护规划。

第十一条　县级以上人民政府林业行政主管部门编制或者调整湿地保护规划，应当通过座谈会、论证会、公布规划草案等形式，征求有关单位、专家和公众的意见。

第十二条　湿地保护规划报同级人民政府批准后组织实施，并向社会公布。

湿地保护规划的调整，应当报原审批机关批准。

第十三条　湿地保护规划应当包括下列内容：

（一）湿地资源分布情况、类型及特点、水资源、野生生物资源状况；

（二）保护和利用的指导思想、原则、目标和任务；

（三）湿地生态保护重点建设项目与建设布局；

（四）投资估算和效益分析；

（五）保障措施。

湿地保护规划，应当注重绿色发展，与经济社会发展相协调，并与土地利用总体规划、城乡规划、环境保护规划、流域综合规划、水资源综合规划等相衔接。

县级以上人民政府发展改革、林业、农业（渔业）、水利、交通运输、环保、住房城乡建设、规划、旅游等行政部门相关规划涉及湿地的，应当包括湿地保护相关措施。

第十四条 县级以上人民政府应当科学合理地划定湿地生态红线，确保湿地生态功能不降低、面积不减少、性质不改变。

城市总体规划及相关专项规划应当对规划区内的湿地进行规划控制，推进城市恢复既有湿地和建设人工湿地。

第三章 保 护

第十五条 湿地根据其重要程度、生态功能等，分为重要湿地和一般湿地。

重要湿地分为国际重要湿地、国家重要湿地和省重要湿地。申报列入国际重要湿地、国家重要湿地名录的，按国家有关规定执行。

第十六条 符合下列条件之一的，列为省重要湿地：

（一）国家级、省级湿地类型自然保护区和湿地公园；

（二）国家和省重点保护野生动物物种的栖息地、繁殖地、越冬地或者迁徙停歇地，重点保护野生植物的原生地；

（三）其他典型的、独特的，具有重要生态功能的，或者具有重大科学文化价值的湿地。

第十七条　省重要湿地的名录及其保护范围的划定与调整，由省人民政府林业行政主管部门会同有关部门提出方案，报省人民政府批准后公布。

一般湿地的名录及其保护范围的划定与调整，由所在地设区的市、县级人民政府林业行政主管部门会同有关部门提出方案，报本级人民政府批准后公布。

第十八条　县级以上人民政府林业行政主管部门提出划定或者调整湿地保护名录方案时，应当与相关权利人协商，征求所在地村民委员会、居民委员会意见。

因保护湿地给湿地所有者或者经营者合法权益造成损失的，应当依法给予补偿。

第十九条　县级以上人民政府林业行政主管部门应当在列入名录的湿地周边设立保护标志，标明湿地的名称、类型、保护级别、保护范围、管理单位及其联系方式。

任何单位和个人不得损毁、涂改、擅自移动湿地保护标志。

第二十条　具备《中华人民共和国自然保护区条例》规定条件的湿地，应当依法建立自然保护区。

不具备建立自然保护区条件，但生态景观优美、生物多样性丰富、人文景观集中、科普宣传教育意义明显的湿地，可以建立湿地公园、湿地保护小区或者湿地多用途管理区。

湿地公园、湿地保护小区和湿地多用途管理区的建立和管理，按照国家和省规定执行。

第二十一条 在重要湿地保护范围内禁止下列行为：

（一）擅自开垦、围垦、填埋等改变湿地用途或者占用湿地；

（二）擅自建造建筑物、构筑物；

（三）擅自采砂、取土、放牧、烧荒；

（四）擅自排放湿地水资源或者修建阻水、排水设施；

（五）排放或者倾倒有毒有害物质、废弃物，或者排放未达标的废水；

（六）破坏野生动物繁殖区和栖息地、鱼类洄游通道；

（七）毒杀、电杀或者擅自猎捕水鸟及其他野生动物，捡拾、收售动物卵，或者采用灭绝性方式捕捞鱼类及其他水生生物；

（八）擅自采挖重点保护野生植物；

（九）未经许可引进外来物种；

（十）法律、法规禁止的其他行为。

第二十二条 县级以上人民政府应当按照湿地保护规划，坚持以自然恢复为主、自然恢复与人工修复相结合，采取退耕还湿、轮牧禁牧限牧、移民搬迁、平圩、植被恢复、构建湿地生态驳岸等措施，重建或者修复已退化的湿地生态系统，恢复湿地生态功能，扩大湿地面积。

县级以上人民政府应当在河流交汇处、入湖口、重点污染防治河段等区域，建设必要的人工湿地。

采矿塌陷区所在地县级以上人民政府应当综合治理塌

陷区水面、洼地，有条件的地方可以利用塌陷区的积水区域建立湿地公园、湿地保护小区等。

第二十三条　恢复或者建设湿地，应当符合国家和本省湿地保护的标准和技术规范，建设生态保护带、隔离带，加强水土保持、水源涵养。防洪、抗旱、水系治理等涉及湿地的工程应当兼顾湿地生态功能，最大限度地减少采用影响湿地生态功能的工程措施。

恢复或者建设湿地，应当种植适宜当地生长的湿地植物，根据野生动物活动特点和规律，建设野生动物繁殖、栖息环境。

第二十四条　县级以上人民政府林业行政主管部门应当在本级人民政府的组织下会同有关部门，建立湿地生态补水协调机制，保障湿地生态用水需求。

第二十五条　县级以上人民政府农业（渔业）行政主管部门应当采取措施，加强农业面源污染防治，合理控制养殖规模、品种，减少围网养殖，保护湿地生态环境。

第二十六条　向重要湿地施放防疫药物的，防疫机构应当与湿地管理单位共同制定防疫方案。防疫机构按照方案组织实施，避免或者降低对湿地生态功能的影响。林业行政主管部门应当加强对施放药物的监督。

第四章　利　用

第二十七条　县级以上人民政府应当采取措施，引导、扶持湿地周边区域居民科学利用湿地资源，发展生态产业。

第二十八条　在湿地保护范围内从事生产经营活动的，

应当符合湿地保护规划,与湿地资源的承载能力和环境容量相适应,不得破坏湿地生态系统的基本功能,不得超出湿地生物资源的再生能力,不得破坏野生动植物栖息和生长环境。

第二十九条 在湿地类型自然保护区开展参观、旅游活动的,湿地管理单位应当按照批准的方案进行;游客进入保护区参观、旅游的,应当服从湿地管理单位的管理。

第三十条 湿地保护范围内建筑物、构筑物不再使用的,原使用单位或者个人应当按照规定进行生态修复。

第三十一条 工程建设、土地开发应当不占或者少占湿地。确需占用湿地的,市、县人民政府国土资源行政主管部门在办理相关报批手续前,应当征求同级林业行政主管部门意见;占用重要湿地的,省人民政府国土资源行政主管部门应当征求同级林业行政主管部门的意见。

因防洪抢险等突发事件需要占用湿地的,依照有关法律、行政法规规定执行。

第三十二条 县级以上人民政府应当加强湿地保护和管理的队伍建设,建立湿地保护执法协作机制,可以根据湿地保护和管理工作的需要实施综合行政执法。

县级以上人民政府林业行政主管部门应当单独或者定期会同有关部门,对湿地保护情况进行监督检查。单独进行监督检查的,应当将监督检查结果通报有关部门。

第五章　法律责任

第三十三条 违反本条例第十九条第二款规定,损毁、涂改、擅自移动湿地保护标志的，由县级以上人民政府林业行政主管部门或者其他有关部门责令停止违法行为，限期恢复，可以处五百元以上二千元以下的罚款。

第三十四条 违反本条例第二十一条第一项规定，擅自开垦、围垦、填埋等改变湿地用途的，由县级以上人民政府国土资源行政主管部门或者林业行政主管部门责令停止违法行为，没收违法所得；限期恢复，并处非法所得的百分之十以上百分之五十以下的罚款。

违反本条例第二十一条第一项、第三项规定，擅自开垦、围垦、填埋、采砂、取土等占用湿地的，由县级以上人民政府国土资源行政主管部门或者林业行政主管部门责令停止违法行为，限期治理或者恢复，并处非法占用湿地每平方米十元以上三十元以下的罚款。

第三十五条 违反本条例第二十一条第二项、第四项规定，擅自建造建筑物、构筑物，修建阻水、排水设施的，由县级以上人民政府水行政主管部门或者林业行政主管部门责令停止违法行为，限期拆除违法建筑物、构筑物和违法的阻水、排水设施；逾期不拆除的，强行拆除，所需费用由违法者承担，并处二万元以上十万元以下的罚款。

第三十六条 违反本条例第二十一条第五项规定，排放或者倾倒有毒有害物质、废弃物的，由县级以上人民政府环境保护主管部门责令停止违法行为，限期采取治理措施，消除污染，处五万元以上二十万元以下的罚款；逾期不采取治理措施的，环境保护主管部门可以指定有治理能力的单位代为治理，所需费用由违法者承担。

违反本条例第二十一条第五项规定，排放未达标的废水的，由县级以上人民政府环境保护主管部门按照权限责令限期治理，处应缴纳排污费数额二倍以上五倍以下的罚款。

限期治理期间，由环境保护主管部门责令限制生产、限制排放或者停产整治。限期治理的期限最长不超过一年；逾期未完成治理任务的，报经有批准权的人民政府批准，责令关闭。

第三十七条 违反本条例第二十一条第六项规定，破坏野生动物繁殖区和栖息地、鱼类洄游通道的，由野生动物行政主管部门责令停止破坏行为，限期恢复原状，并处以恢复原状所需费用二倍以下的罚款。

第三十八条 违反本条例第二十一条第七项规定，毒杀、电杀或者擅自猎捕水鸟及其他野生动物，采用灭绝性方式捕捞鱼类及其他水生生物，由野生动物行政主管部门或者其他有关行政部门没收猎获物、猎捕工具和违法所得，有猎获物的，处以相当于猎获物价值二倍以上八倍以下的罚款；没有猎获物的，处五百元以上二千元以下的罚款。

违反本条例第二十一条第七项规定，捡拾、收售动物卵的，责令停止违法行为，没收违法所得，并处一百元以上五百元以下的罚款。

第三十九条 违反本条例第二十一条第八项规定，未取得采集证或者未按照采集证的规定采挖国家重点保护野生植物的，由野生植物行政主管部门没收所采集的野生植物和违法所得，可以并处违法所得十倍以下的罚款；有采集证的，并可以吊销采集证。

第四十条 县级以上人民政府林业行政主管部门和其他有关部门，违反本条例规定，有下列行为之一的，对直接负责的主管人员和其他直接责任人员，依法给予处分；构成犯罪的，依法追究刑事责任：

（1）未按照规定编制和组织实施湿地保护规划的；

（2）未依法采取湿地保护措施的；

（3）对造成湿地污染的违法行为未采取制止措施的；

（4）未按规定批准占用湿地的；

（5）未依法履行监督管理职责或者因保护利用不当，造成湿地生态系统损害的；

（6）其他滥用职权、玩忽职守、徇私舞弊的行为。

第四十一条 违反本条例的行为，法律法规已规定处罚的，从其规定。

林业、农业（渔业）、国土资源、环保、住房城乡建设、规划等行政主管部门，可以在其法定权限内委托湿地管理单位实施行政处罚。

第六章 附 则

第四十二条 本条例自 2016 年 1 月 1 日起施行。

关于《安徽省湿地保护条例(草案)》的说明

——2015 年 7 月 13 日在安徽省第十二届人民代表大会常务委员会第二十二次会议上

省林业厅厅长 程中才

安徽省人民代表大会常务委员会:

受省人民政府委托,现就《安徽省湿地保护条例(草案)》说明如下:

一、制定《条例》的必要性

湿地具有保持水源、净化水质、蓄洪防旱、调节气候和维护生物多样性等重要生态功能,被称为"地球之肾",与森林、海洋并称为三大生态系统。安徽省湿地面积大、分布广、类型全,是全国湿地资源比较丰富的省份,加大湿地保护力度,是促进安徽省生态文明建设的重要举措。

(一)制定《条例》,是促进安徽省生态文明建设的迫切需要。据全国第二次湿地资源调查统计,安徽省湿地面积 104.18 万公顷,占全省国土总面积的 7.47%。现有国家重要湿地 5 个、省级以上湿地自然保护区 15 个、省级以上湿地公园 29 个。近年来，安徽省湿地保护取得了明显成效，相继启动了湿地生态效益补偿试点，实施了全球环境基金赠款项目，积极完善湿地保护体制机制，加大湿地动植物资源保护。但安徽省湿地保护还存在一些问题，如湿地保护责任划分还不够清晰，湿地生态红线意识还不强；开垦围垦、擅自占用湿地、环境污染等问题仍在一定程度上存在，湿地面积减少、生态功能退化的趋势未得到根本遏制；湿地分级保护、执法协作等制度还不完善等。有必要制定《条例》，依法健全湿地保护制度，加大湿地保护力度，为建设美好安徽提供良好的生态保障。

（二）制定《条例》，是贯彻落实中央和省委、省政府重大部署的必然要求。今年 4 月 25 日，中共中央、国务院《关于加快推进生态文明建设的意见》强调，"保护和扩大绿地、水域、湿地等生态空间"，"研究制定湿地保护等方面的法律法规"。今年 3 月 18 日，中共安徽省委、省人民政府《关于加大改革创新力度加快农业现代化建设的实施意见》提出，"积极推进涉农立法"，"开展节约用水、湿地保护地方立法工作"。贯彻落实中央和省委、省政府生态文明建设的重大部署，有必要尽快制定《条例》。

（三）制定《条例》，是安徽省湿地保护行之有效的实践经验法治化的重要举措。目前，国家尚未制定专门的湿地保护法律法规。安徽省各级政府及其相关部门认真贯彻《湿地国际公约》，按照国务院办公厅《关于加强湿地保护管理的通知》和国家林业局《湿地保护管理规定》，积极探索开展湿地保护和管理工作，形成了一些实践证明行之有效的保护和管理经验，如开展湿地资源调查与监测，积极申报国家重要湿地并进行重点保护，实施退耕还林工程、湿地生态效益补偿、湿地保护奖励试点、湿地保护与恢复工程等，确保国家湿地保护政策落地生根，促进了安徽省生态文明建设。有必要制定《条例》，将这些政策措施法治化，为安徽省湿地保护和管理提供有力的法治保障。

北京、浙江、湖南、江西、广东等17个省（区、市）已制定了湿地保护地方性法规。

二、《条例（草案）》的起草过程

2014年，我厅向省政府报送了安徽省湿地保护条例草案送审稿。省法制办承办后，会同我厅对草案送审稿进行论证修改，形成了草案征求意见稿。按照立法程序，书面征求了各市、省直管县政府的意见；多次书面征求省直相关部门的意见，并召开省直部门协调会，各部门意见基本协商一致；通过省政府网站和安徽政府法制网公布草案全文，公开征求社会公众的意见；赴池州市、安庆市等地开展立法调研，听取基层政府及其部门、湿地管理单位负责人的意见和建议；先后召开了立项论证会和专家预审会，听取湿地保护、经济、法学等方面专家的意见。省法制办会同我厅对各方面的意见和建议，进行反复研究和修改，充分予以吸纳，形成了《安徽省湿地保护条例（草案）》（以下简称《条例（草案）》）。今年6月25日，省政府第53次常务会议审议通过了《条例（草案）》。

三、《条例（草案）》主要内容的说明

《条例（草案）》依据中共中央、国务院《关于加快推进生态文明建设的意见》，参照国家林业局《湿地保护管理规定》，借鉴外省的做法，规定了湿地保护规划的编制程序，明确了针对性的湿地保护措施，加强了对湿地开发利用的管理，强化了违法违纪行为的责任追究，体现了中央"基本形成源头预防、过程控制、损害赔偿、责任追究的生态文明制度体系"的新要求。

（一）加强湿地资源调查与规划编制。湿地保护是一项长期而艰巨的任务。为了全面掌握全省湿地及生物多样性资源状况，科学制定湿地保护目标、湿地生态红线和针对性的保护措施，《条例（草案）》规定：一是定期组织开展湿地资源调查，对湿地资源变化情况进行监测，掌握湿地保护基础资料（第九条）；二是组织编制各级湿地保护规划，明确湿地保护的目标及生态红线、保护重点和保护措施，提供湿地保护的规划依据（第十条、第十二条）；三是明确湿地保护规划编制、批准程序，要求编制和批准湿地保护规划应当听取公众和专家的意见（第十一条）；四是要求湿地保护规划与土地利用总体规划、城乡规划等重要规划相衔接，相关专业规划涉及湿地的，应当制定湿地保护的具体措施（第十二条）。

（二）采取有针对性的湿地保护措施。为了切实解决湿地面积减少、湿地生态功能退化等问题，《条例（草案）》坚持"把保护放在优先位置"的原则，针对安徽省湿地保

护存在的实际问题，采取针对性的保护措施。一是建立湿地分级保护制度。根据湿地的重要程度和生态功能，区别重要湿地和一般湿地，明确重要湿地保护范围内的禁止行为，提高湿地保护的针对性和有效性（第十三条、第十八条、第十九条）。二是实行湿地名录管理。重要湿地和一般湿地名录及其保护范围的划定与调整，分别由林业行政主管部门会同有关部门提出，报本级政府批准后公布，明确湿地名录管理权限（第十五条）；划定与调整湿地名录及其保护范围时，应当与相关权利人协商，征求所在地村（居）民委员会的意见，细化湿地名录划定与调整的程序（第十六条）；设立湿地保护标志，标明湿地的名称、类型、保护级别、保护范围、管理单位及其联系方式，便于加强管理，接受社会监督（第十七条）。三是压实政府及其相关部门湿地保护职责。规定县级以上人民政府及其相关部门应当按照湿地保护规划，采取具体措施，恢复湿地生态功能，扩大湿地面积，保护湿地生态环境（第二十条至第二十二条）。

（三）严格对湿地开发利用的管理。针对安徽省湿地开发利用中存在的擅自占用湿地、改变湿地自然状态等问题，《条例（草案）》坚持"在发展中保护、在保护中发展"的原则，统筹协调湿地保护与开发利用的关系，对湿地开发利用实行严格管理。一是湿地保护范围内的生产经营活动应当符合湿地保护规划，不得破坏湿地生态系统的基本功能（第二十三条）。二是在湿地自然保护区参观、旅游，应当按照批准的方案进行，服从湿地管理单位的管理（第二十四条）。三是规定工程建设、土地开发应当不占或者少占湿地。确需占用湿地的，国土资源行政主管部门审批前，应当征求同级林业行政主管部门的意见（第二十六条）。四是规定县级以上人民政府林业行政主管部门和有关部门应当建立湿地保护的执法协作机制，加强对湿地保护和合理利用活动的监督检查（第二十七条）。

（四）强化相关单位和个人的责任追究。为了落实各方湿地保护的责任，《条例（草案）》对从事湿地保护的国家工作人员滥用职权等违法违纪行为，设定了相应的纪律处分等法律责任（第二十九条）；对单位或者个人擅自开垦围垦、占用湿地、改变湿地用途等违法行为，设定了相应的行政处罚等法律责任（第二十八条）；对《条例（草案）》规定的禁止猎捕、毒杀野生动植物以及未经许可引进外来物种等违法行为，鉴于国家野生动植物保护法律、法规已有处罚规定，按照《立法法》"制定地方性法规，对上位法已经明确规定的内容，一般不作重复性规定"的要求，《条例（草案）》未再作重复规定。

《草案》和以上说明，请一并审议。

关于《安徽省湿地保护条例(草案)》
审查意见的报告

安徽省人大常委会农业与农村工作委员会

安徽省人民代表大会常务委员会:

《安徽省湿地保护条例(草案)》(以下简称《条例(草案)》)已经 2015 年 6 月 25 日省人民政府第 53 次常务会议通过,提请省人大常委会第二十二次会议审议。按照立法"前伸后延"工作要求,省人大常委会农业与农村工作委员会(以下简称委员会)提前介入《条例(草案)》起草工作,于 2010 年启动《安徽省湿地保护条例》立法调研,2012 年至 2014 年连续三年开展立法调研论证工作,分别参加政府法制部门的立项论证会、预审会,多次赴沿江、沿淮湿地进行调研,考察湿地保护情况,广泛听取基层有关部门、湿地保护单位、专家学者、农民群众意见,并赴兄弟省份考察学习,征求委员会立法专家顾问的意见,积极提出立法建议,加强沟通协调,努力提高起草工作质量,持续推动立法进程。省人大常委会宋卫平副主任对此项立法高度重视,多次听取立法工作情况汇报,提出意见,就立法中的重要问题进行调研。

经认真审查，现将委员会对《条例（草案）》的审查意见报告如下。

一、制定《安徽省湿地保护条例》十分必要

湿地不仅蕴藏着丰富的资源，还有巨大的生态效益和环境调节功能，是地球三大生态系统之一，被誉为"地球之肾"。党的十八大将生态文明建设纳入中国特色社会主义事业"五位一体"的总布局，并明确提出"扩大湿地面积、保护生物多样性"的要求。安徽省是湿地资源最丰富的省份之一，有自然湿地面积 71.36 万公顷，人工湿地面积 32.82 万公顷，湿地率 7.47%，高出全国湿地率 5.58%近两个百分点。近年来，安徽省各级政府及林业等相关部门采取积极措施，加快规划建设，加强宣传教育，加大投入力度，全省湿地保护工作取得了一定的成效。但是，安徽省湿地保护与经济社会发展之间的矛盾仍十分突出，湿地萎缩进程加速、污染加剧，湿地资源利用不合理、功能退化，生物多样性减少，同时，由于湿地保护缺乏专门法规规范，法制建设滞后，长效工作机制尚未建立，社会湿地保护意识亟待提高，湿地保护面临的形势依然严峻。

制定《安徽省湿地保护条例》，对安徽省健全湿地保护管理制度，加大湿地保护力度，科学合理开发利用湿地资源，充分发挥湿地在维护生态安全、促进经济社会发展中的重要作用，实现建设生态强省和美好安徽的目标，十分必要。

二、《条例（草案）》内容与上位法规定不相抵触，具有较强的可操作性

委员会认为，《条例（草案）》的立法宗旨和基本原则、制度设计与国家有关法律、行政法规不相抵触。同时认真总结了安徽省湿地保护工作的经验和做法，立足本省实际，坚持问题导向，突出地方特色，有针对性地做出了具体规定，具有较强的可操作性。

三、对《条例（草案）》的修改建议

一是进一步强化湿地保护措施。突出湿地保护，是制定《安徽省湿地保护条例》的立法要义。建议在《条例（草案）》中进一步强化措施，建立湿地生态红线制度，严格限制改变规划、占用湿地、变更用途等行为，充实、完善临时占用湿地的限制条件、审批程序、修复要求等方面的内容。

二是进一步规范湿地开发利用活动。建议充实、完善湿地保护与经济社会事业共同推进的制度设计、工作措施等方面的内容，采取资金支持、产业转移等措施，指导和扶持湿地保护范围内的合理开发利用活动，促进湿地及其周边地区的经济社会发展。

三是进一步加强城市建成区内的湿地保护。为了有效应对和解决城市发展中产生的热岛效应、环境污染、城区内涝等"城市病"，建议充实、完善"湿地保护规划应当纳入城市总体规划，加强城市特别是新建城区内湿地的保护，加快既有湿地恢复和再造人工湿地"等方面的内容。

四是设立"安徽湿地日"。设立湿地日，对于加强湿地保护法律法规、重要作用及相关知识的宣传教育，提高全社会湿地保护意识，具有重要意义。建议根据安徽省实际，将每年的11月6日确定为"安徽湿地日"（关于设立"安徽湿地日"的情况说明附后）。

以上报告，请予审议。

附：

关于设立"安徽湿地日"的情况说明

　　为了开展经常性的湿地保护宣传教育，普及相关法律法规和科学知识，增强公众湿地保护意识，省人大常委会农业与农村工作委员会建议在《安徽省湿地保护条例（草案)》中规定：每年的 11 月 6 日为"安徽湿地日"。理由如下：

　　一是有利于加强安徽省湿地保护。水鸟是湿地生态系统健康状况的重要指示物种。安徽省沿江湿地是冬候鸟的重要越冬地，沿淮湿地是迁徙候鸟的重要停歇地。每年从11 月份开始，大量水鸟陆续来到安徽省多处湿地越冬或者停歇，但此时湿地多处于较低水位，是非法猎捕水鸟的易发期。将"安徽湿地日"设在水鸟来安徽省越冬的初期，能够增强宣传教育的及时性、针对性，提高社会对湿地保护的关注度，有效保护湿地资源。

　　二是有利于开展湿地保护宣传教育活动。目前，安徽省湿地保护宣传活动的主要参与者和对象是各级各类在校学生。"世界湿地日"为每年的 2 月 2 日，此时正值春节前后、寒假期间，天气寒冷，不便于学生参与活动。而 11 月上旬，安徽省最低气温一般在 10℃ 以上，湿地生态系统保持比较完整，湿地资源特征表现比较明显。将"安徽湿地日"设在 11 月 6 日，有利于动员、组织包括学生在内的不同群体深入开展宣传教育活动，全面了解湿地资源状况，提高宣传教育实效。

三是从兄弟省份地方立法情况看，湿地日都是根据当地气候实际状况等设定的。"北京湿地日"为每年9月份的第三个星期日。北京市9月份平均气温一般在15℃～25℃，气温凉爽适中，而且湿地生态系统的整体性仍然保持比较完整。"新疆维吾尔自治区湿地保护宣传日"为每年的5月25日，黑龙江省准备将每年的6月10日定为湿地日。新疆、黑龙江地处高纬度，在5月下旬至6月上旬天气由寒转暖，气温开始回升至10℃～20℃，并保持相对稳定，同时，这些地区的湿地逐步进入水量比较丰沛的时期，在南方越冬的候鸟已经陆续返回进行繁殖，湿地状况处于比较繁茂的生长周期。贵州省准备将每年10月份的第三个星期设定为湿地保护周。该省属于南方省份，10月下旬的气温在20℃上下，且降水较为丰富，气温、水量等比较适宜湿地内动植物的生长，湿地生态系统状况良好。

目前，国家尚未制定关于湿地保护方面的法律、行政法规，也未对湿地日作统一规定，地方制定湿地保护法规属于创设性立法，可以根据各地实际规定湿地日（周）。待国家今后立法设立统一的湿地日后，安徽省再根据上位法规定，及时对"安徽湿地日"进行修改、完善，以保持法制的统一。

综上所述，根据安徽省实际，并参考兄弟省份做法，建议将每年的11月6日确定为"安徽湿地日"。

关于《安徽省湿地保护条例(草案)》修改情况的说明

——2015 年 11 月 16 日在安徽省第十二届人民代表大会
常务委员会第二十四次会议上

省人民代表大会法制委员会委员　韦大伟

安徽省人民代表大会常务委员会：

2015 年 7 月 14 日上午，常委会第二十二次会议对《安徽省湿地保护条例（草案）》（以下简称草案）进行了审议。常委会组成人员认为，通过立法加强湿地保护，维护湿地生态功能和生物多样性，合理利用湿地资源，对于维护安徽省生态平衡，实现人与自然和谐相处，促进经济社会可持续发展意义重大。同时，也对草案提出了一些修改意见。会后，法制工作委员会书面征求了各市人大常委会、省直有关单位的意见，通过省人大外网向社会各界广泛征求修改意见，并就草案中的重点、难点问题，赴安庆、淮南市和望江县、颖上县进行立法调研，在综合各方面意见的基础上，对草案进行了集中研究。8 月 19 日下午，法制工作委员会会同农业与农村工作委员会、省政府法制办、省林业厅，根据组成人员的审议意见和各方面建议，对草案进行了认真研究，作了初步修改。11月6日上午，法制委员会召开会议，听取了法制工作委员会对草案初步修改情况的说明，对草案进行了统一审议，形成了《安徽省湿地保护条例（草案修改稿）》（以下简称修改稿），并于11月9日上午向主任会议做了汇报。现将修改的主要情况说明如下：

一、关于湿地的概念

草案第二条第二款规定了湿地的概念。有的组成人员提出，该概念不够准确，包括的范围不够全面；有的组成人员提出，应增加库塘、采矿塌陷区等人工湿地；省直有关部门建议将湿地界定在"列入县级以上人民政府名录"上。法制委员会研究认为，该款关于湿地概念的规定，与国家林业局《湿地保护管理规定》基本一致，也符合《国际湿地公约》关于湿地概念的界定。概念的内涵是准确的。同时，在湿地概念的外延上，应结合安徽省湿地的具体形态加以确定。库塘在安徽省各地广泛存在，一些市、县也有因采矿塌陷而积水的区域存在，可以纳入湿地的范围之中。根据组成人员的意见，建议将该款修改为："本条例所称湿地，是指天然或者人工形成的、常年或者季节性积水的地带和水域，包括河流、湖泊、沼泽、库塘、采矿塌陷区，以及重点保护野生动物的栖息地或者重点保护野生植物的原生地等湿地。"（修改稿第二条第二款）

二、关于湿地保护管理工作经费

一些组成人员提出，应将湿地保护行政管理工作经费纳入各级财政预算。法制委员会研究认为，将湿地保护行政管理工作经费纳入财政预算，是确保对湿地进行有效保护管理的重要保障。根据组成人员意见，建议在草案第四条第一款中增加"将湿地保护行政管理工作经费纳入财政预算"。（修改稿第四条第一款）

三、关于授权村民委员会、居民委员会制止破坏湿地行为

有的组成人员提出，应强化基层对湿地违法行为的监督职责。法制委员会研究认为，授权村民委员会、居民委员会制止破坏湿地行为，有利于有效保护湿地，及时发现、制止、整治破坏湿地的行为，切实解决"看得见，管不着"的问题。根据组成人员意见，建议增加一款，表述为："村民委员会、居民委员会发现违反本条例行为的，有权予以制止，并向湿地保护管理部门报告。"（修改稿第四条第三款）

四、关于建立湿地保护工作协调机制

有的组成人员提出，湿地保护涉及发展改革、财政、农业（渔业）、水利、国土资源、环保等部门，湿地保护需要发挥政府协调作用。法制委员会研究认为，明确政府建立湿地保护工作协调机制，有利于协调解决湿地保护管理中的重大问题。根据组成人员意见，建议增加一款，表述为："县级以上人民政府应当建立湿地保护工作协调机制，统筹协调解决湿地保护的重大问题，落实湿地保护的目标和任务。"（修改稿第五条第一款）

五、关于湿地日

有的组成人员提出，应设立湿地保护日，宣传湿地保护。农业与农村工作委员会在审查意见中也提出同样的建议。法制委员会研究认为，设立湿地日，有利于宣传湿地保护法律法规，普及湿地知识，提高全社会湿地保护意识，鼓励公民主动参与湿地保护。根据组成人员意见，建议增加一款，表述为："每年的 11 月 6 日为安徽湿地日。"（修改稿第六条第一款）

六、关于湿地保护规划的具体内容

有的组成人员提出，草案第十二条第一款明确了湿地保护规划的内容，但不具体，应细化湿地保护范围、分类等内容。法制委员会研究认为，明确湿地保护规划的具体内容，有利于强化湿地保护规划的指导作用，增强湿地保护规划的科学性、针对性和可操作性。根据组成人员意见，建议增加一款，具体表述为："湿地保护规划应当包括下列内容：

（一）湿地资源分布情况、类型及特点、水资源、野生生物资源状况；

（二）保护和利用的指导思想、原则、目标和任务；

（三）湿地生态保护重点建设项目与建设布局；

（四）投资估算和效益分析；

（五）保障措施。"（修改稿第十三条第一款）

七、划定湿地生态红线，保护城市湿地

一些组成人员提出，应划定湿地生态红线，增加有关防止湿地面积减少、湿地生态功能退化的内容，加强对城市湿地的保护。农业与农村工作委员会在审查意见中也提出同样的建议。法制委员会研究认为，划定湿地生态红线，有利于保护湿地生态功能区，减缓与控制生态灾害，保障人居环境安全，支撑经济社会可持续发展。近年来，随着城市建设的推进，城市规划区内的湿地遭到破坏、被占用的现象时有发生，加强城市规划区内的湿地保护非常必要。根据组成人员和农业与农村工作委员会的意见，建议增加一条，表述为："县级以上人民政府应当根据湿地保护规划，科学划定湿地生态红线，确保湿地生态功能不降低、面积不减少、性质不改变。城市总体规划及相关专项规划应当对规划区内的湿地进行规划控制，推进城市恢复既有湿地和建设人工湿地。"（修改稿第十四条）

八、关于湿地所有者、经营者的权益损失的补偿

有的组成人员提出，应保护湿地所有者、经营者的合法权益。法制委员会研究认为，对湿地所有者、经营者的权益损失应当予以补偿。根据组成人员的意见，建议增加一款，表述为："因保护湿地给湿地所有者或者经营者合法权益造成损失的，应当依法给予补偿。"（修改稿第十八条第二款）

九、关于重要湿地保护范围内的禁止性行为

有的组成人员提出，草案第十九条对重要湿地的禁止性行为不够全面，应增加擅自建造建筑物、构筑物，擅自排放湿地水资源或者修建阻水、排水设施，排放或倾倒有毒有害物质、废弃物，或者排放未处理达标的废水等内容。法制委员会研究认为，在重要湿地保护范围内擅自建造建筑物、构筑物、擅自排放湿地水资源等，会对重要湿地造成破坏，有的会造成整个湿地生态系统的破坏，是不可逆转的，有必要设置禁止性规定。根据组成人员的意见，建议在该条第一项中增加擅自"填埋"行为；增加第二项，擅自建造建筑物、构筑物；增加第四项，擅自排放湿地水资源或者修建阻水、排水设施；增加第五项，排放或者倾倒有毒有害物质、废弃物，或者排放未达标的废水；增加第六项，破坏野生动物繁殖区和栖息地、鱼类洄游通道；增加第八项，擅自采挖重点保护野生植物。（修改稿第二十一条）

十、关于按标准和规范恢复和建设湿地

一些组成人员提出，按照标准和规范恢复、建设湿地，有利于加强湿地保护，保护生物多样性，维护湿地生态功能。根据组成人员的意见，法制委员会建议增加一条，表述为："恢复或者建设湿地，应当符合国家和本省湿地保护的标准和技术规范，加强水土保持、水源涵养，建设生态保护带、隔离带，维护湿地生态功能，保护生物多样性。

防洪、抗旱、水系治理等涉及湿地的工程应当兼顾湿地生态功能，最大限度地减少采用影响湿地生态功能的工程措施。恢复或者建设湿地，应当种植湿地植物，根据野生动物活动特点和规律，建设野生动物繁殖、栖息环境。"（修改稿第二十三条）

十一、关于科学利用湿地资源，发展生态产业

一些组成人员提出，在保护湿地的前提下，要合理利用湿地资源，满足当地居民需求，促进当地居民发展经济。法制委员会研究认为，政府应引导、扶持湿地周边区域居民依托湿地资源，在保护生态环境的前提下，科学利用湿地资源，发展生态产业。根据组成人员的意见，建议增加一条，表述为："县级以上人民政府应当采取措施，引导、扶持湿地周边区域居民科学利用湿地资源，发展生态产业。"（修改稿第二十七条）

十二、关于加强湿地保护执法监督

草案第二十七条规定了林业行政主管部门和有关部门应当建立湿地保护执法协作机制，加强监督检查。一些组成人员提出，应加强执法队伍建设，强化湿地保护管理责任。法制委员会研究认为，为切实保护湿地资源，应加强队伍建设，强化政府及部门的监督管理责任。根据组成人员的意见，建议将该条改为："县级以上人民政府林业行政主管部门和有关部门应当加强湿地保护和管理的队伍建设，建立湿地保护执法协作机制，可以根据湿地保护和管理工

作的需要实施综合行政执法，加强对湿地保护和合理利用活动的监督检查。县级以上人民政府林业行政主管部门应当单独或者定期会同有关部门，对湿地保护情况进行监督检查。单独进行监督检查的，应当将监督检查结果通报有关部门。"（修改稿第三十二条）

十三、关于法律责任

有的组成人员提出，应细化草案规定的禁止性行为并设定处罚，比照法律、行政法规规定相应的处罚；有的组成人员提出，要细化有关部门主管人员和其他直接责任人员的责任。根据组成人员的意见，法制委员会建议作如下修改：

1. 损毁、涂改、擅自移动湿地保护标志的，由县级以上人民政府林业行政主管部门或者其他有关部门责令停止违法行为，限期恢复，可以处五百元以上二千元以下的罚款。（修改稿第三十三条）

2. 擅自开垦、围垦、填埋等改变湿地用途的，由县级以上人民政府林业行政主管部门或者其他有关部门责令停止违法行为，没收违法所得；限期恢复，并处非法所得的百分之五以上百分之五十以下的罚款。

擅自开垦、围垦、填埋、采砂、取土等占用湿地的，由县级以上人民政府林业行政主管部门或者其他有关部门责令停止违法行为，限期治理或者恢复，并处非法占用湿地每平方米十元以上三十元以下的罚款。（修改稿第三十四条）

3. 擅自建造建筑物、构筑物，修建阻水、排水设施的，由县级以上人民政府林业行政主管部门或者其他有关部门责令停止违法行为，限期拆除违法建筑物、构筑物，违法的阻水、排水设施；逾期不拆除的，强行拆除，所需费用由违法者承担，并处二万元以上十万元以下的罚款。（修改稿第三十五条）

4. 排放或者倾倒有毒有害物质、废弃物的，由县级以上人民政府环境保护主管部门责令停止违法行为，限期采取治理措施，消除污染，处二万元以上二十万元以下的罚款；逾期不采取治理措施的，环境保护主管部门可以指定有治理能力的单位代为治理，所需费用由违法者承担。

排放未达标的废水的，由县级以上人民政府环境保护主管部门按照权限责令限期治理，处应缴纳排污费数额二倍以上五倍以下的罚款。限期治理期间，由环境保护主管部门责令限制生产、限制排放或者停产整治。限期治理的期限最长不超过一年；逾期未完成治理任务的，报经有批准权的人民政府批准，责令关闭。（修改稿第三十六条）

5. 破坏野生动物繁殖区和栖息地、鱼类洄游通道的，由野生动物行政主管部门责令停止破坏行为，限期恢复原状，并处以恢复原状所需费用二倍以下的罚款。（修改稿第三十七条）

6. 猎捕、毒杀水鸟及其他野生动物，采用灭绝性方式捕捞鱼类及其他水生生物，由野生动物行政主管部门或者其他有关行政部门没收猎获物、猎捕工具和违法所得，有猎获物的，处以相当于猎获物价值八倍以下的罚款；没有猎获物的，处二千元以下的罚款。

捡拾、收售动物卵的，责令停止违法行为，没收违法所得，并处一百元以上五百元以下的罚款。（修改稿第三十八条）

7. 未取得采集证或者未按照采集证的规定采挖国家重点保护野生植物的，由野生植物行政主管部门没收所采集的野生植物和违法所得，可以并处违法所得十倍以下的罚款；有采集证的，并可以吊销采集证。（修改稿第三十九条）

8. 将草案第二十九条修改为："县级以上人民政府林业行政主管部门和其他有关部门，违反本条例规定，有下列行为之一的，对直接负责的主管人员和其他直接责任人员，依法给予处分：

（1）未按照规定编制和组织实施湿地保护规划的；

（2）未依法采取湿地保护措施的；

（3）对违法造成湿地污染未采取制止措施的；

（4）未按规定批准占用湿地的；

（5）未依法履行监督管理职责或者因保护利用不当，造成湿地生态系统损害的；

（6）其他滥用职权、玩忽职守、徇私舞弊的行为。"
（修改稿第四十条）

修改稿还对草案作了部分文字修改和序号调整，不再一一说明。

修改稿已按上述意见作了修改。

以上说明和修改稿是否妥当，请予审议。

关于《安徽省湿地保护条例(草案)》
审议结果的报告

——2015年11月19日在安徽省第十二届人民代表大会
常务委员会第二十四次会议上

省人民代表大会法制委员会委员 韦大伟

安徽省人民代表大会常务委员会:

11月16日下午,常委会分组会议审议了《安徽省湿地保护条例》(草案修改稿)(以下简称修改稿)。常委会组成人员认为修改稿比较成熟,同时也提出了一些修改意见,建议修改后提请常委会本次会议表决。11月16日晚,法制工作委员会会同农业与农村工作委员会、省林业厅,根据组成人员的审议意见,对修改稿进行了初步修改。11月17日下午,法制委员会召开会议,听取了法制工作委员会初步修改情况的说明,对条例草案进行了统一审议,形成了《安徽省湿地保护条例》(表决稿)(以下简称表决稿),并于11月18日下午向主任会议做了汇报。现将审议结果报告如下:

一、关于湿地概念

修改稿第二条第二款规定了湿地的概念。有的组成人员提出，湿地概念的内容是否准确、范围是否全面，建议进一步斟酌。有的省直单位提出，将河流、湖泊、沼泽、库塘、采矿塌陷区等水域纳入湿地保护范围，与水利、交通、渔业等部门在管理上交叉过多，管理保护矛盾较大。法制委员会经认真研究认为，湿地概念应与国家林业局《湿地保护管理规定》界定的概念相一致，同时，考虑到湿地概念是省政府议案的内容，经过多方协调后由省政府常务会议确定的，建议尊重省政府意见，将该款恢复为省政府议案中的表述："本条例所称湿地，是指常年或者季节性积水的地带和水域，包括河流湿地、湖泊湿地、沼泽湿地等自然湿地，以及重点保护野生动物的栖息地或者重点保护野生植物的原生地等人工湿地。"（表决稿第二条第二款）

二、关于湿地资源调查结果的应用

修改稿第九条第一款规定了组织湿地资源调查，并将调查结果报政府批准后公布。一些组成人员提出，应明确湿地资源调查结果的应用。法制委员会研究认为，湿地资源调查的目的是调查了解湿地基本情况，为编制和调整湿地保护规划提供依据。根据组成人员的意见，建议在该款中增加"并作为编制或者调整湿地保护规划的重要依据"的规定。（表决稿第九条第一款）

三、关于湿地保护与经济社会发展

修改稿第十三条第二款规定了湿地保护规划应与相关规划相衔接。一些组成人员提出，在强化湿地规划保护的同时，要处理好保护湿地与经济社会发展的关系。法制委员会研究认为，湿地具有保持水源、防洪抗旱、维护生物多样性、改善环境等重要生态功能，湿地保护规划应注重绿色发展。同时，湿地保护规划也应促进湿地保护与经济社会发展相协调。根据组成人员意见，建议将该款修改为："湿地保护规划，应当注重绿色发展，与经济社会发展相协调，并与土地利用总体规划、城乡规划、环境保护规划、流域综合规划、水资源综合规划等相衔接。"（表决稿第十三条第二款）

四、关于突发事件需要占用湿地

修改稿第三十一条规定了工程建设、土地开发应当不占或者少占湿地，确需占用湿地的，应征求林业行政主管部门的意见。有的组成人员提出，在防洪抢险等突发事件发生时，紧急需要占用湿地，如果按照本条例规定去征求意见，时间上来不急，可能会造成巨大损失，建议增加相关内容。鉴于防洪法、突发事件应对法对此有明确规定，根据组成人员的意见，建议该条增加一款，表述为："因防洪抢险等突发事件需要占用湿地的，依照有关法律、行政法规规定执行。"（表决稿第三十一条第二款）

五、关于法律责任

一些组成人员提出，要加大处罚力度；修改稿规定的处罚幅度过大，应当减少行政执法自由裁量权。省直有关单位建议恢复省政府草案中"法律法规已规定处罚的，从其规定"的内容。根据组成人员、有关单位意见，法制委员会经认真研究，建议对法律责任作如下修改：

1. 提高处罚下限。修改稿第三十四条第一款下限百分之五提高到百分之十。修改稿第三十六条第一款下限二万提高到五万。修改稿第三十八条第一款八倍以下的处罚设定下限，修改为二倍以上八倍以下；二千元以下的处罚设定下限，修改为五百元以上二千元以下。（表决稿第三十四条第一款、第三十六条第一款、第三十八条第一款）

2. 明确了处罚主体。修改稿第三十四条第一款、第二款明确国土资源行政主管部门或者林业行政主管部门为处罚主体。修改稿第三十五条明确水行政主管部门或者林业行政主管部门为处罚主体。（表决稿第三十四条、第三十五条）

3. 增加一款，作为修改稿第四十一条的第一款，表述为："违反本条例的行为，法律法规已规定处罚的，从其规定。"（表决稿第四十一条第一款）

此外，还作了部分文字修改和条款序号调整，不再一一说明。

表决稿已按上述意见作了修改。

法制委员会认为，根据有关法律、行政法规，结合安徽省实际，制定《安徽省湿地保护条例》，对于加强湿地保护，维护湿地生态功能和生物多样性，合理利用湿地资源，促进绿色发展，具有积极作用。经过常委会第二十二次会议以及本次会议审议，修改后形成的表决稿符合本省实际，与有关的法律、行政法规不相抵触，组成人员的审议意见已基本吸收，比较成熟。建议常委会本次会议表决。

立法保护湿地　促进生态文明

——《安徽省湿地保护条例》亮点解读

安徽日报记者　高　城

湿地被称为"地球之肾"。安徽省湿地面积大、分布广、类型多、区位重要，是全国湿地资源比较丰富的省份。《安徽省湿地保护条例》，对湿地的规划、保护、利用等作出了规定。

亮点一　增强公众湿地保护意识

——设立安徽湿地日

原文　每年的 11 月 6 日为安徽湿地日。

解读　湿地保护是一项新兴事业，加强湿地保护宣传尤为重要。据全国第二次湿地资源调查统计，安徽省湿地面积 104.18 万公顷，占全省国土总面积的 7.47%；至 2015 年底，已建国际重要湿地 1 个、国家重要湿地 4 个、省级以上湿地类型自然保护区 15 个、省级以上湿地公园 32 个。

安徽省沿江湿地是候鸟重要的越冬地，沿淮湿地是迁徙候鸟重要的停歇地。每年从 11 月份开始，大量水鸟纷至沓来，在安徽省多处湿地越冬或者停歇，而此时湿地多处于较低水位，是非法猎捕水鸟和围垦湿地的易发期。将"安徽湿地日"设在水鸟来安徽省越冬初期，能够增强宣传教育的及时性、针对性，提高社会对湿地保护的关注度，有效保护湿地资源。

《条例》规定，每年的 11 月 6 日为安徽湿地日。县级以上人民政府有关部门应当加强湿地保护宣传教育工作，普及湿地知识，增强全社会的湿地保护意识。鼓励公民、法人和其他组织以志愿服务、捐赠等形式参与湿地保护。

《条例》明确规定，任何单位和个人都有保护湿地的义务，对破坏、侵占湿地的行为有投诉、举报的权利。县级以上人民政府林业行政主管部门应当建立投诉举报受理和查处制度，公布投诉举报受理方式，及时查处破坏、侵占湿地的行为。

亮点二　强化基层监督职责

——规定村委会、居委会制止破坏湿地行为

原文　村民委员会、居民委员会发现违反本条例行为的，有权予以制止，并向湿地保护管理部门报告。

解读　《条例（草案）》审议过程中，有省人大常委会组成人员提出，应强化基层对湿地违法行为的监督职责。省人大法制委员会研究认为，规定村民委员会、居民委员会制止破坏湿地行为，有利于有效保护湿地，及时发现、制止、整治破坏湿地的行为，切实解决"看得见，管不着"的问题。根据常委会组成人员意见，《条例》在草案基础上增加一条，表述为"村民委员会、居民委员会发现违反本条例行为的，有权予以制止，并向湿地保护管理部门报告。"

此外，《条例》还要求乡（镇）人民政府、街道办事处应当做好本行政区域内湿地保护的有关工作。

亮点三　保障人居环境安全
——划定湿地生态红线，保护城市湿地

原文　县级以上人民政府应当科学合理地划定湿地生态红线，确保湿地生态功能不降低、面积不减少、性质不改变。

解读　《条例（草案）》审议过程中，有省人大常委会组成人员提出，应划定湿地生态红线，增加有关防止湿地面积减少、湿地生态功能退化的内容，加强对城市湿地的保护。省人大农业与农村委员会在审查意见中也提出同样的建议。省人大法制委员会研究认为，划定湿地生态红线，有利于保护湿地生态功能区，减缓与控制生态灾害，保障人居环境安全，支撑经济社会可持续发展。近年来，随着城市建设的推进，城市规划区内的湿地遭到破坏、被占用的现象时有发生，加强城市规划区内的湿地保护非常必要。

《条例》因此规定，县级以上人民政府应当科学合理地

划定湿地生态红线，确保湿地生态功能不降低、面积不减少、性质不改变。城市总体规划及相关专项规划应当对规划区内的湿地进行规划控制，以推进城市恢复既有湿地和建设人工湿地。

亮点四　增强湿地保护科学性

——建立资源档案，编制保护规划

原文　省人民政府林业行政主管部门应当会同有关部门编制全省湿地保护规划。设区的市、县级人民政府林业行政主管部门应当会同有关部门，根据上一级湿地保护规划组织编制本行政区域湿地保护规划。

解读　湿地保护是一项长期而艰巨的任务。为全面掌握全省湿地及生物多样性资源状况，科学制定湿地保护目标、湿地生态红线和针对性的保护措施，《条例》规定，要定期组织开展湿地资源调查，对湿地资源变化情况进行监测，建立湿地资源档案，实行信息共享；要组织编制各级湿地保护规划，通过座谈会、论证会、公布规划草案等形式，征求有关单位、专家和公众的意见。

《条例（草案）》审议过程中，有省人大常委会组成人员提出，湿地保护规划内容应细化湿地保护范围、分类等内容。省人大法制委员会研究认为，明确湿地保护规划的具体内容，有利于强化规划的指导作用，增强规划的科学性、针对性和可操作性。

《条例》因此规定，湿地保护规划应当包括下列内容：湿地资源分布情况、类型及特点、水资源、野生生物资源状况，保护和利用的指导思想、原则、目标和任务，湿地生态保护重点建设项目与建设布局，投资估算和效益分析，保障措施。湿地保护规划，应当注重绿色发展，与经济社会发展相协调，并与土地利用总体规划、城乡规划、环境保护规划、流域综合规划、水资源综合规划等相衔接。

亮点五　增强湿地保护针对性
——建立分级保护制度，实行湿地名录管理

原文　湿地根据其重要程度、生态功能等，分为重要湿地和一般湿地。

解读　重要湿地分为国际重要湿地、国家重要湿地和省重要湿地。申报列入国际重要湿地、国家重要湿地名录的，按国家有关规定执行。

为切实解决湿地面积减少、湿地生态功能退化等问题，《条例》坚持"把保护放在优先位置"的原则，针对安徽省湿地保护存在的实际问题，采取针对性的保护措施。

《条例》要求建立湿地分级保护制度，根据湿地重要程度和生态功能，分为重要湿地和一般湿地，并明确重要湿地保护范围内的禁止行为，提高湿地保护的针对性和有效性。实行湿地名录管理，申报列入国际重要湿地、国家重要湿地名录的，按国家有关规定执行；省重要湿地的名录

及其保护范围的划定与调整，由省人民政府林业行政主管部门会同有关部门提出方案，报省人民政府批准后公布；一般湿地的名录及其保护范围的划定与调整，由所在地设区的市、县级人民政府林业行政主管部门会同有关部门提出方案，报本级人民政府批准后公布。

《条例》明确规定，在重要湿地保护范围内禁止下列行为：擅自开垦、围垦、填埋等改变湿地用途或者占用湿地；擅自建造建筑物、构筑物；擅自采砂、取土、放牧、烧荒；擅自排放湿地水资源或者修建阻水、排水设施；排放或者倾倒有毒有害物质、废弃物，或者排放未达标的废水；破坏野生动物繁殖区和栖息地、鱼类洄游通道；毒杀、电杀或者擅自猎捕水鸟及其他野生动物，捡拾、收售动物卵，或者采用灭绝性方式捕捞鱼类及其他水生生物；擅自采挖重点保护野生植物；未经许可引进外来物种；法律、法规禁止的其他行为。

亮点六　维护湿地生态功能
——按标准和规范恢复、建设湿地

原文　县级以上人民政府应当按照湿地保护规划，坚持以自然恢复为主、自然恢复与人工修复相结合，采取退耕还湿、轮牧禁牧限牧、移民搬迁、平圩、植被恢复、构建湿地生态驳岸等措施，重建或者修复已退化的湿地生态系统，恢复湿地生态功能，扩大湿地面积。

　　解读　为压实政府及其相关部门湿地保护职责，《条例》要求县级以上人民政府及其相关部门应当按照湿地保护规划，采取具体措施，恢复湿地生态功能，扩大湿地面积，保护湿地生态环境。《条例（草案）》审议过程中，有省人大常委会组成人员提出，按照标准和规范恢复、建设湿地，有利于加强湿地保护，保护生物多样性，维护湿地生态功能。《条例》因此规定，恢复或者建设湿地，应当符合国家和本省湿地保护的标准和技术规范，建设生态保护带、隔离带，加强水土保持、水源涵养。防洪、抗旱、水系治理等涉及湿地的工程应当兼顾湿地生态功能，最大限度地减少采用影响湿地生态功能的工程措施。恢复或者建设湿地，应当种植适宜当地生长的湿地植物，根据野生动物的活动特点和规律，建设野生动物繁殖、栖息环境。

　　《条例》还结合安徽省实际，要求采矿塌陷区所在地县级以上政府应当综合治理塌陷区水面、洼地，有条件的地方可以利用塌陷区的积水区域建立湿地公园、湿地保护小区等。

亮点七　强化湿地利用监督
——科学利用湿地

　　原文　在湿地范围内从事生产经营活动的，应当符合湿地保护规划，与湿地资源的承载能力和环境容量相适应，不得破坏湿地生态系统的基本功能，不得超出湿地生物资源的再生能力，不得破坏野生动植物栖息和生长环境。

强调工程建设、土地开发应当不占或者少占湿地。

解读 针对安徽省湿地开发利用中存在的擅自占用湿地、改变湿地自然状态等问题，一是强调湿地保护范围内的生产经营活动应当符合湿地保护规划，不得破坏湿地生态系统的基本功能；二是规定工程建设、土地开发应当不占或者少占湿地；三是规定县级以上人民政府林业行政主管部门和有关部门应当建立湿地保护执法协作机制。